Edith Krajewski

Seele gut, alles gut

Frei von Ängsten und Blockaden

Bitte fordern Sie unser kostenloses Verlagsverzeichnis an:

Smaragd Verlag
In der Steubach 1
57614 Woldert (Ww.)
Tel.: 02684.978808
Fax: 02684.978805
E-Mail: info@smaragd-verlag.de
www.smaragd-verlag.de

Oder besuchen Sie uns im Internet unter der obigen Adresse.

Deutsche Erstausgabe Juni 2005
Umschlaggestaltung: PreData
Satz: G. Heuchemer, Smaragd Verlag
Printed in Czech Republic
ISBN 3-938489-00-6

Edith Krajewski

Seele gut, alles gut

Frei von Ängsten und Blockaden

Smaragd Verlag

Über die Autorin

Edith Krajweski ist Jahrgang 1958 und arbeitet als Lebensberaterin und Heilpraktikerin (Psychotherapie).

In ihrer Praxis hat sie sich auf Familientherapie, Paartherapie und Seelenarbeit bei körperlichen und seelischen Problemen spezialisiert. Dabei wandte sie sich immer mehr der Arbeit Bert Hellingers zu, insbesondere dem Familienstellen.

Seit 1999 hält sie monatlich Seminare über Familien- und Organisationsaufstellungen.

Inhalt

Einführung

In diesem Buch beschäftige ich mich hauptsächlich mit der Seele, da ich davon überzeugt bin, dass bei vielen Krankheiten und Problemen die Heilung von der Seelenebene her erfolgen muss.

Schon seit vielen Jahren bin ich als Therapeutin seelischer Konflikte tätig, wobei ich mich auf die Familientherapie nach Bert Hellinger stütze. Dieses Wissen ist eine große Bereicherung in meiner täglichen Praxis, und so möchte ich ihm meinen Dank aussprechen, da mich sein Wissen sehr bereichert hat und ich es ständig anwende.

Ich sehe den Sinn meiner Arbeit darin, ein Stück Wegbegleiter für meine Klienten zu sein - jedoch nicht zu lange. Jeder muss seinen Weg alleine und in voller Eigenverantwortung selbst gehen. Sehr viele Menschen können wieder Heilung erfahren, wenn sie bereit sind, an ihrer Seelen – und Bewusstseinsebene zu arbeiten.

Ich mache den Menschen ihre Schritte und Handlungen bewusst, denn jede Handlung bringt Konsequenzen mit sich. Jeder sollte sich die Folgen seines Tuns überlegen, bevor er handelt. Wer sich die Frage stellt: „Möchte ich diese Konsequenzen?“ lebt ganz anders. Leiden ist ein Endprodukt. Bevor es eintritt, sind entsprechende Handlungen durch einen selbst oder manchmal auch durch übernommene Lasten aus dem Familiensystem geschehen.

Wenn man sich sein Handeln konsequent bewusst macht, nimmt das Leiden immer mehr ab.

Wir müssen also herausfinden, wo die Ursache für das Problem liegt. Habe ich sie selbst verursacht, oder trage ich nur etwas weiter, ohne mir dessen bisher bewusst gewesen zu sein?

Bei Krankheiten, die aus der Seele entstanden sind, ist es wichtig, geistig an sich zu arbeiten, sonst kann sich auch körperlich nichts ändern.

Voltaire hat gesagt: *„Wir sind verantwortlich für das, was wir tun, aber auch für das, was wir nicht tun“.*

Nun werden wir uns etwas näher mit der Seele befassen und zuerst schauen: „Was habe ich selbst verursacht?“ Später werde ich dann auf die übernommenen Verstrickungen eingehen.

Zuerst erkrankt also die Seele, dann der Körper. Da der Körper ein Spiegelbild der Seele ist, muss er krank werden, wenn die Seele leidet. Er kann nicht allein für seine Krankheiten verantwortlich gemacht werden. Wenn die Seele eines Menschen geheilt ist, dann teilt sich dieses dem Körper mit, und er kann wieder gesund werden.

Besonders wichtig ist mir der Dank an meine Klienten für das Vertrauen, das sie mir geschenkt haben, ebenso wie für die Möglichkeiten, mit ihnen zu lernen und mich weiterzuentwickeln.

Ein besonderer Dank geht an Sie, liebe Leserin und lieber Leser, da Sie mit Ihrem Interesse an meinem Buch zur Heilung Ihrer Seele beitragen und dadurch auch dabei helfen, die *große Seele*, also die Heilung auf unserer Welt, voranzubringen.

Ich wünsche Ihnen, da Sie ja dieses Buch nicht zufällig in den Händen halten, viele Erkenntnisse, und, wenn es so sein darf, auch ein kleines Samenkorn für Ihre eigene Heilung.

Ihre Edith Krajewski

Wir müssen auf unsere Seele hören,
wenn wir gesund werden wollen!
Letztlich sind wir hier, weil es kein
Entrinnen vor uns selbst gibt.
Solange der Mensch sich nicht selbst
in den Augen und im Herzen seiner
Mitmenschen begegnet,
ist er auf der Flucht.

Solange er nicht zulässt, dass seine
Mitmenschen an seinem Innersten
teilhaben, gibt es keine Geborgenheit.
Solange er sich fürchtet, durchschaut
zu werden, kann er weder sich selbst
noch andere erkennen,
er wird allein sein".

Alles ist mit Allem verbunden.

(Hildegard von Bingen)

Kapitel 1
Lösungsansätze für vergangene Partnerschaften

Gebunden an alte Partnerschaften

Alte, ungeklärte Partnerschaften sind ein ganz großer Teil der Dinge, die unsere Seele belasten. Die wenigsten Menschen haben ihre vergangenen Partnerschaften auf der Seelenebene abgeschlossen. Unser Verstand weiß natürlich nicht, dass wir noch an Beziehungen gebunden sein können, selbst wenn diese zwanzig Jahre zurück liegen.

Wenn die Beziehung damals unschön endete, beispielsweise weil ein Partner den anderen betrogen oder anderweitig sehr verletzt hat, wurde die Seele einem Leid ausgesetzt, das auf der Seelenebene aufgearbeitet werden muss. Sollte dieses nicht geschehen sein, leidet die Seele noch immer, selbst wenn man den vergangenen Partner längst vergessen hat. Denn:

Wut bindet. Schuld bindet. Hass bindet.

Manchmal lässt man auch etwas in seiner vergangenen Partnerschaft zurück, zum Beispiel Vertrauen, das dann in der nächsten Beziehung fehlen würde. Das heißt, man muss im wahrsten Sinne des Wortes noch einmal dahin zurückkehren und – in unserem Fall das Vertrauen – dort abholen, wo man es zurückgelassen hat.

Befreiung über den Weg der Liebe

Sich von einem Partner zu lösen funktioniert nur über den Weg der Liebe. Nur, wie kann das aussehen? Es ist sicherlich eine Ausnahme, dass man sagt: „Schade, dass es mit uns nicht geklappt hat, ich wünsche dir alles Gute". Aber dahin müssen wir kommen, denn je mehr ungelöste Partnerschaften in der Seele vorhanden sind, - und das können im Laufe der Zeit wirklich viele sein -, desto weniger frei ist man für eine neue Beziehung. Daraus folgt, dass man immer beziehungsunfähiger wird. In der heutigen Zeit, in der Partnerschaften so schnell wechseln, kann man sich vorstellen, was dabei herauskommt.

Wie können Sie nun feststellen, ob Sie noch an einen alten Partner gebunden sind?

Ich möchte Ihnen dazu eine Seelenreise vorschlagen, die Sie zu Ihrem vergangenen Partner unternehmen können. Ich schreibe diese Reise für eine Frau, aber natürlich kann sie auch ein Mann unternehmen.

Machen Sie diese Übung nur, wenn Sie wissen, dass Sie in der nächsten Stunde nicht gestört werden. Wenn es mehrere vergangene Partner gibt, sollten Sie sich entscheiden, zu wem Sie diese Reise unternehmen.

Ich schreibe die Seelenreise in der „Ich-Form“. Sie können sich die Reise auch von einem Vertrauten vorlesen lassen. Bei dem Zeichen „☆☆“ sollten Sie immer eine längere Pause einlegen.

Seelenmeditation zu einem ehemaligen Partner

Ich lege mich ruhig und entspannt hin und genieße zuerst einmal die Ruhe und Entspannung. Ich beobachte einfach nur meine Atmung. Meine Atmung bringt mich meiner Seele immer näher und näher. Meine Atmung ist ganz ruhig und gleichmäßig.

☆☆

Nun gehe ich in die Zeit zurück, als die Beziehung auseinander ging. Ich besuche meinen Ex-Partner dort in dem Raum, in dem er in meiner Seele zurückgeblieben ist. Ich betrete diesen Raum und schaue mich um:„ Wie sieht er aus?" Ich schaue mir alles, was sich hier befindet, genau an.

☆☆

Dann sehe ich meinen ehemaligen Partner und schaue ihn einfach nur an.

☆☆

Wie geht es ihm, wenn er mich sieht? Schaut er mich an? Ist er böse, oder traurig, oder freut er sich, wenn er mich sieht?

Wie geht es mir, wie sind meine Gefühle?

☆☆

Dann begrüße ich ihn, sage laut seinen Namen.

Ich sage: „ Hallo (Name)!"

Dann spreche ich die Gefühle aus, die ich empfinde. Hat er mich verletzt, dann sage ich ihm:

„Ich bin immer noch wütend und verletzt!" (Oder welches Gefühl es damals war.)

Wenn ich ihn verletzt habe und er wütend ist, dann schaue ich ihm in die Augen und sage:

„Hallo (Name), ich möchte dich heute besuchen, weil zwischen uns immer noch etwas nicht gelöst ist, und das möchte ich heute mit dir klären."

Dann nehme ich ihn an die Hand und sage ihm: „ Ich möchte mit dir eine Reise machen in die Zeit zurück, in der wir uns begegnet sind."

Ich erinnere mich, wie die Zeit unseres Verliebtseins war. Wir waren beide glücklich und voller Hoffnung. Dann stelle ich mir eine Situation vor, in der es besonders schön war, und spüre, welche Gefühle ich hatte und wie schön die gemeinsamen Stunden waren. Ich verweile noch ein paar Minuten in dieser Anfangsphase.

☆☆

Dann mache ich einen Quantensprung und gehe zurück in die Beendigungsphase, in die wir eingestiegen waren. Ich gehe wieder in den Raum, in dem ich ihn besucht habe. Dann schaue ich ihm in die Augen und sage ihm:

„Schade, dass es mit unserer Beziehung nicht geklappt hat!"

Welche Gefühle auch immer hochkommen, ich lasse sie zu.

☆☆

„Ich danke dir für das Schöne, das du mir gegeben hast. Danke für die schönen Worte und Taten, die du mir einmal geschenkt hast! Sie bekommen in meinem Herzen einen guten Platz. Ich wünsche dir alles Gute."

Ich schaue ihn an und spüre, dass er mir das Gleiche sagt. Wir umarmen uns noch einmal.

☆☆

Wenn ich das Gefühl habe, es ist für beide gut, dann verabschiede ich mich von ihm.

☆☆

Ich bleibe noch so lange in dieser Situation, bis ich das Gefühl habe, dass jetzt alles gut ist. Dann verlasse ich den Raum und kehre zurück ins Hier und Jetzt.

Lassen Sie sich Zeit und bleiben Sie noch ein paar Minuten liegen. Dann trinken Sie ein Glas Wasser.

Vielleicht klappt es mit dieser Reise nicht beim ersten Mal. Versuchen Sie einfach, selbst zu fühlen, was er oder sie noch zu sagen hat. Wichtig ist, dass Sie sich im Guten trennen. Erst wenn Sie in Frieden auseinander gehen können, sind Sie auch wieder frei für eine neue Beziehung. Wenn in Ihrer Seele ein Mann ruht, auf den Sie böse sind, laufen Sie Gefahr, dass eine neue Beziehung in das gleiche Fahrwasser gerät.

Ich hatte einmal eine Klientin, die sagte: „ Wissen Sie, ich war dreimal in meinem Leben verheiratet. Wenn ich es mir genau überlege, hätte ich beim Ersten bleiben können. Ich habe nur die Hülle gewechselt." Der Erste war Alkoholiker. Die Beziehung ging sehr unschön auseinander. Da war ihr klar: Nie wieder einen Alkoholiker. Der Zweite war spielsüchtig. Er erleichterte ihr Bankkonto. Der Dritte war sexsüchtig. Er brauchte ständig neue Frauen. Sie hatte dreimal das Thema „Sucht“ angezogen. Da begannen wir, die drei Beziehungen aufzuarbeiten. So ungeklärt die erste Beziehung in ihr offen geblieben war, ging es in ihrem Leben weiter.

Danach suchten wir nach der Ursache in ihr, warum sie sich solche Männer aussucht. Nun, sie war auch auf der Suche. Sie hatte keinen Vater gehabt, da dieser die Mutter verlassen hatte, als die Tochter noch ganz klein war. Also war der nächste Schritt, das Elternthema zu klären.

Letztendlich sollte jeder ehemalige Partner einen guten Platz im Herzen haben, denn so, wie er in einem verbleibt, wirkt er. Ein „böser Mann" oder „eine böse Frau" in der Seele kommt meist in äußeren Zeichen wieder, natürlich in anderer Form und in anderer Gestalt.

☆☆☆

Abtreibung eines Kindes

Bei einer Abtreibung gibt es oft einen Bruch in der Seele, wodurch dann oft die Beziehung scheitert. Auch glaubt man, dafür „sühnen“ zu müssen und lässt es sich nicht mehr richtig gut gehen. Außerdem wird man von seinem Partner nicht frei, denn jetzt kommt noch eine zusätzliche Bindung hinzu: Die zu dem Kind, und die Schuld, die auf der Seele lastet. Dafür sühnt man meistens in Beziehungen oder auch durch Krankheiten. Ich habe bisher keine Ausnahmen gesehen. Der Kopf findet tausend Rechtfertigungen: Ich war noch zu jung. Ich hatte den falschen Partner. Ich war mit der Schule noch nicht fertig. Ich hatte kein Geld, und vieles mehr. Doch an die Seele des Kindes wird nicht gedacht.

Bei einer Familienaufstellung kann man wunderbar sehen, was die Seele fühlt. Sie leidet sehr. Meistens kommt ein großer Schmerz zu Tage. Für die Seele ist das Geschehene schlicht nicht in Ordnung und sie bleibt durch die Schuld an das tote Kind gebunden. Heilung kehrt erst ein, wenn das abgetriebene Kind betrauert wird und man ihm einen Platz in seinem Herzen geben kann. Dann geht es auch dem Kind gut und es kehrt in der Seele Frieden ein. Andernfalls kostet einen das tote Kind viel Kraft, die einem später zum Leben fehlt.

Sollte es in Ihrer Seele ein abgetriebenes Kind geben, möchte ich Ihnen hier eine Seelenreise anbieten, die Sie für sich in Ruhe machen können.

Seelenreise zum Vater des abgetriebenen Kindes[1]

Ich schreibe die Seelenmeditation ebenfalls in der „Ich-Form". Wenn Sie wissen, dass Sie in der nächsten Stunde nicht gestört werden, machen Sie es sich gemütlich und legen Sie sich in Ruhe hin.

Ich entspanne mich zuerst und genieße die Ruhe. Ich beobachte meine Atmung. Sie fließt ganz ruhig und gleichmäßig. Mein Atem bringt mich meiner Seele immer näher und näher.

☆☆

Ich gehe in die Zeit zurück zu meinem damaligen Partner, mit dem ich zusammen ein Kind gezeugt habe. Ich besuche ihn in dem Raum, in dem ich mich mit ihm getroffen habe. Vielleicht ist es sogar der Raum, in dem das Kind gezeugt wurde. Ich lasse einfach vor meinem geistigen Auge ablaufen, wie es damals war: Wie war mein Gefühl zu diesem Mann?

☆☆

---

[1]Seelenreisen gibt es auch in *Die Kraft, die aus der Herkunft stammt*, von Dr. Peter Orban

Jetzt gehe ich einen Schritt weiter: Wie fühlte ich mich und was dachte ich, als ich von meiner Schwangerschaft erfuhr? Ich lasse diese Zeit noch einmal lebendig werden. Was hat sich in mir abgespielt?

☆☆

Was war damals meine Veranlassung, das Kind abzutreiben: Wollte ich das Kind, aber mein Partner wollte es nicht? Es ist egal, welche Gründe angegeben werden oder welche Rechtfertigungen. Tatsache ist: Ich entschied mich für die Abtreibung und brachte sie dann hinter mich. Vielleicht war ich danach sogar erleichtert und froh? Vielleicht war ich auch traurig und habe geweint? Wie dem auch sei, ich erinnere mich, wie es war und wie meine Gefühle danach waren.

☆☆

Ich habe das Kind weggeschickt, weil ich es nicht wollte. Aber ich habe es nicht mit dieser kleinen Kinderseele geklärt, habe vielleicht nie mit ihm geredet. Dieses Kind fehlt mir jetzt in meinem Herzen. Es hat noch keinen Platz bekommen.

Ich stelle mir vor: Wie geht es dem Kind? War es ein Junge oder ein Mädchen? Wie ist mein Gefühl dabei? Meine Seele weiß es. Ich stelle mir jetzt das Kind als kleines unschuldiges Geschöpf vor, das mich mit großen Augen anblickt.

Ich schaue es einfach an. Was sage ich ihm?

Ich fühle mich in das Kind hinein. Wie geht es ihm? Möchte es mir etwas sagen, oder mich etwas fragen?

☆☆

Je länger ich das Kind anschaue, desto mehr spüre ich seinen Schmerz und meinen eigenen. Ich spüre ein tiefes Leid, und es gibt nur einen Satz zu sagen:„Es tut mir leid, mein liebes Kind!"

Ich nehme das Kind in meine Arme und lege es an mein Herz. Sollte ich Trauer spüren, dann lasse ich sie zu.

☆☆

Dann kommt mein ehemaliger Partner dazu und schaut uns an. Ich sage ihm: „Es ist unser Kind. Wir haben es gezeugt. Ich habe es kurze Zeit in meinem Bauch getragen."

Vielleicht kann auch er das Kind in den Arm nehmen? (Ich schaue, wie er reagiert, vielleicht ist auch er traurig?) Dann sage ich einfach zu ihm: „Schade!"

☆☆

Ich schaue wieder das Kind an, und ich spüre, dass sich etwas verändert hat. Es fließt eine tiefe Liebe zwischen mir und dem Kind. Ich sage ihm:„ In meinem Herzen hast du einen guten Platz als mein Kind." Auch der Mann kann es ihm sagen. Dann verweile ich noch einige Zeit in dieser Situation, halte mein Kind einfach im Arm und spüre, dass es meinem Kind nun auch besser geht.

☆☆

Dann schaue ich meinen vergangenen Partner an und sage ihm: „Dass es mit unserer Beziehung nicht geklappt hat, dafür übernehme ich meinen Teil, und deinen lasse ich bei dir. Von mir aus bist du frei, und ich wünsche dir alles Gute."

Dann verabschiede ich mich von meinem Kind und meinem Partner von damals. Ich weiß, dass ich jederzeit mein Kind in meiner Seele besuchen kann, da es jetzt dort einen Platz bekommen hat.

☆☆

Nun kehren Sie langsam wieder zurück ins Hier und Jetzt. Atmen Sie ein paar Mal kräftig durch und recken und strecken Sie sich. Am besten trinken Sie ein Glas Wasser und machen dann einen kleinen Spaziergang.

Diese Seelenreisen gehen oft sehr tief, und Sie sollten sich noch etwas Ruhe gönnen. Danach bitte auch nicht sofort Auto fahren oder zur Arbeit gehen.

Wenn Sie spüren, dass Sie Ihrem ehemaligen Partner gegenüber, mit dem Sie ein abgetriebenes Kind haben, noch Wut und Vorwürfe empfinden, können Sie auch die erste beschriebene Seelenreise machen. Auch die Reise zum abgetriebenen Kind können Sie öfters unternehmen. Versuchen Sie, selbst zu spüren, wann das Kind in Ihnen einen guten Platz gefunden hat.

Meinen Klienten rate ich oft, sich speziell für dieses Kind eine große Kerze zu kaufen. Sie können sie an einen schönen Platz in der Wohnung stellen und täglich, zum Andenken an das Kind, anzünden. So werden Sie spüren, dass immer mehr Heilung in die Seele einkehrt, und irgendwann wird es dann gut sein.

☆☆☆

Seelenplatz für ein Kind

Meistens geht nach einer Abtreibung die Lebensfreude verloren. Viele Menschen werden auch depressiv, oder sie bestrafen sich häufig mit unglücklichen Beziehungen, ohne jemals auf die Idee zu kommen, dieser Umstand könnte mit der Abtreibung zu tun haben. Wenn ich manchmal Klientinnen darauf anspreche, antworten sie: „Das ist für mich o.k., das würde ich heute wieder so machen." Doch wenn man in die Seele hineinschaut, sieht alles anders aus. Mit dieser Seelenmeditation kann die Seele heilen und Lebensfreude wieder einkehren.

Mit einem abgetriebenen Kind hat die Frau einen Teil der Seele verloren, und bis dieser verlorene Teil zurückkehrt, ist sie auf der Suche. Sie versucht dann oft unbewusst, im Äußeren etwas gut zu machen. Der nächste Partner hat dann vielleicht auch Kinder und sie kümmert sich besonders um diese. Die Seele sucht nach einem Ausgleich.

Sehr oft dienen auch Haustiere diesem Zweck. Manchmal sagen die Menschen sogar: „Mein Hund ist mein Kind." Dann steht das Haustier stellvertretend für das abgetriebene Kind, und es kommt häufig zu einem übertriebenen Verhalten dem Tier gegenüber. Es soll etwas ersetzen, das so gar nicht möglich ist. Wenn das Tier krank ist oder, im schlimmsten Falle stirbt, leidet der Besitzer unglaublich. Auch wenn der Hund einen Pullover oder andere Kleidungsstücke angezogen bekommt, stimmt meistens etwas nicht. Vielen Menschen ist nicht bewusst, dass sie auf diese Weise ein Problem verlagern, denn das abgetriebene Kind wurde meist schon vergessen oder, schlimmer noch, total verdrängt.

Da ich auch astrologische Beratungen mache und oft im Horoskop eine solche Anlage erkennen kann, spreche ich das Thema an. Ich frage meine Klienten, ob es ein abgetriebenes oder totes Kind gibt. Häufig sehe ich dann, wie eine Frau überrascht antwortet: „Oh, Gott, das ist ja schon fünfundzwanzig Jahre her. Daran hab ich schon gar nicht mehr gedacht." Wenn ich dann mit ihr eine Seelen-reise zu ihrem Kind unternehme, weint sie, selbst nach dieser langen Zeit, oft noch um ihr totes Kind. Manche Menschen gehen zu einer astrologischen Beratung und sind eigentlich, unbewusst, auf der Suche nach etwas anderem und dann völlig von dem Ergebnis der Sitzung überrascht.

☆☆☆

Kinderwunsch

Vor kurzem war eine etwa 30jährige Klientin in meiner Praxis, die sich unbedingt ein Kind wünschte. Alle bisher unternommenen Versuche waren fehlgeschlagen. Sie wurde einfach nicht schwanger. Dann erzählte sie mir, sie habe mit 17 Jahren eine Abtreibung vorgenommen, und sagte: „Vielleicht ist das jetzt die Strafe, dass ich kein Kind mehr bekommen kann." In einer Familienaufstellung stellte sie den früheren Partner und das abgetriebene Kind auf. Sie weinte bitterlich, und es tat ihr aus tiefstem Herzen Leid. Das Kind bekam einen Platz in ihrem Herzen, und sie versöhnte sich mit dem Vater des Kindes. Ein Jahr später wurde sie schwanger und ist jetzt sehr glücklich.

Es muss eben zuerst das Alte in Ordnung gebracht werden, damit etwas Neues entstehen kann.

Wenn eine Frau nicht schwanger wird, hängt es auch oft mit einem ungelösten Konflikt zusammen, den sie mit ihrer eigenen Mutter hat. Das ist auch manchmal der Fall, wenn eine Frau ein Kind abtreiben lässt, weil die eigene Mutter die Abtreibung unterstützt. Dann bleibt oft eine Störung in der Seele der Frau zu ihrer Mutter zurück. Dann ist es sinnvoll, eine Seelenreise zu dem abgetriebenen Kind zu machen, die Mutter dazukommen zu lassen und ihr das Kind zu zeigen. Oft spürt man dann, dass auch die Mutter sehr traurig wird und es ihr Leid tut, wenn sie das Kind sieht. Danach ist auch eine Heilung in der Beziehung zur

Mutter möglich, die ja wahrscheinlich ihrerseits auch viele Argumente dafür gehabt hat, warum das Kind nicht zur Welt kommen sollte.

☆☆☆

Vergewaltigung

Einige Klientinnen, die mit Beziehungsproblemen zu mir kamen, wurden in ihrer frühen Kindheit oder Jugend vergewaltigt. An ihnen ist mir aufgefallen, dass der jetzige Partner mit Dingen konfrontiert wird, die nicht zu ihm gehören. Häufig können sich diese Frauen dann nicht auf eine intensive Beziehung mit einem Mann einlassen.

Wir müssen also auch in diesem Fall wieder herausfinden, wo die Ursache für die heutige Partnerproblematik liegt.

Ein Beispiel aus meiner Praxis:

Eine 35-jährige Frau kam wegen Partnerschaftsproblemen in die Praxis. Sobald sich ihr Mann ihr nähere, verschließe sie sich innerlich und werfe ihm dann vor, es ginge ihm wohl nur um „das Eine". In früheren Beziehungen lief es ähnlich ab.

Nach längerem Nachfragen erzählte sie, sie sei mit zehn Jahren von einem Freund der Familie vergewaltigt worden. Es würde ihr noch heute schlecht, wenn sie an dem Haus vorbeifahre, in dem es damals passiert war. Sie hatte es nie jemandem erzählt, denn der Mann hatte ihr damals gesagt, es sei ein Geheimnis. Außerdem befürchtete sie, dass ihr ohnehin niemand glauben würde.

Ich machte mit ihr eine Rückführung in die Zeit vor 25 Jahren, als es passierte. Es kam eine unglaubliche Wut auf diesen Mann heraus, den sie aufs Übelste beschimpfte, wobei ihr so schlecht wurde, dass sie erbrechen musste. Danach weinte sie bitterlich.

Ich fragte sie: „Wie geht es denn dem Mann, wenn er sieht, wie es Ihnen geht?“ Sie hatte das Gefühl, dass es ihm leid tat. Ich ließ sie zu ihm sagen: „Ich lasse es bei dir, du trägst es. Ich bin frei“.

Er ist der Erwachsene! Das Kind ist immer unschuldig! Danach sagte sie mir: „Von mir ist eine Zentnerlast abgefallen“. Sie fühlte sich befreit und erleichtert.

Doch bevor man sagen kann: „ Ich lasse es bei dir“ muss die ganze Wut heraus, erst danach kann sich die Bindung lösen.

Bei Missbrauch läuft es ähnlich ab, und auch da kann man im Nachhinein sehr viel aufarbeiten.

☆☆☆☆☆

Kapitel 2
Lösungsansätze im Familiensystem

Die Beziehung zu den Eltern

Wenn eine Frau ihr „Vaterthema“ nicht geklärt hat und ihren Vater beispielsweise verachtet oder hasst, wird sie kaum auf Dauer mit einem Mann glücklich werden. Denn sie projiziert die Ablehnung auf den Ehemann, manchmal auch auf den Chef oder einen anderen Mann. Es findet sich immer irgendeiner als Stellvertreter für den Vater. Viele Frauen haben einen lieben Ehemann, aber einen „bösen Chef“, mit dem die Arbeit unerträglich ist und der ihnen das Leben zur Hölle macht. Man kommt natürlich nicht immer so schnell dahinter, dass die Ursache in einem selbst zu finden ist.

Bert Hellinger, den ich sehr achte und bewundere, hat einmal gesagt: „ Erst wenn alle Ausgegrenzten, Verachteten oder Vergessenen aus meinem Familiensystem in mir einen guten Platz haben, kehrt Frieden ein. Wenn nur einer fehlt, bin ich auf der Suche. Da ist es zuerst am Allerwichtigsten, dass meine Eltern, die mir das Leben gegeben haben, in meiner Seele einen guten Platz bekommen."

Auch wenn ein Mann mit seiner Mutter im Konflikt liegt, wird er später ein Frauenproblem haben. Wenn er die Mutter hasst, kann er andere Frauen nicht lieben und achten und rächt sich oft an ihnen. Wenn man sich in ihn hineinfühlt, spürt man, dass etwas nicht stimmt. Genauso ist es, wenn jemand schlecht über seine vergangenen Partner spricht. Auch dann sollten immer die Alarmglocken läuten. Man nimmt dann als neue Partnerin/als neuer Partner häufig später auch diesen Platz ein.

Vorsicht ist geboten, wenn man jemanden kennen lernt, der seine Eltern hasst oder schlecht über vergangene Beziehungen redet. Dieser Mensch bringt meist eine Menge unerledigter Dinge mit in die Beziehung, die über kurz oder lang zur Belastung werden können.

Hasst ein Mann seinen Vater, dann hat er auch mit seiner Rolle als Mann oder Vater ein Problem. Meistens ist ein Konflikt in der neuen Beziehung vorprogrammiert, denn die Seele lässt nicht zu, dass man die Eltern verachtet. Dafür muss man „sühnen“. Es gibt sehr viele Möglichkeiten, zu „sühnen“: Entweder in der eigenen Beziehung, oder in äußeren Zuständen wie Krankheit, Kummer im Beruf oder ähnlichem. Jedenfalls ist es dann sehr schwer, die Rolle als Vater oder Mutter später richtig auszufüllen.

☆☆☆

Konflikt mit der Mutter

Wenn ein Klient zu mir in die Therapie kommt und ich frage nach seiner Mutter, höre ich oft Sätze wie:

- Meine Mutter hat sich nie richtig um mich gekümmert.
- Sie hat immer geschimpft und mich bevormundet.
- Sie wollte mich sogar abtreiben lassen.
- Ich musste immer meinen Teller leer essen...

Bei einem Klienten schrieb ich einmal alle negativen Bemerkungen über seine Mutter mit.

Dann fragte ich: „Was fällt dir denn Positives zu deiner Mutter ein?" Die Antwort kam schnell: „Nichts!" Das Negative war bei ihm zu solch einem Berg angewachsen, dass er etwas Gutes gar nicht mehr sah.

Außerdem hält jede Problembeschreibung das Problem aufrecht. Also bin ich als Therapeutin jetzt bemüht, von ihm vielleicht doch eine gute Eigenschaft oder Handlung der Mutter zu erfahren und frage:

„Wer hat denn gekocht?" „Na ja, die Mutter."
„Wer hat geputzt?" „Auch die Mutter."
„Wer war da, als du krank warst?" „Die Mutter."
„Wer hat sich um dich gekümmert?" „Die Mutter."
„Wer hat dich unter Schmerzen zur Welt gebracht?"
„Die Mutter."

Dann sagt der Klient: „Was mir noch einfällt, sie hat mir zum Geburtstag manchmal meinen Lieblingskuchen gebacken." Na also! Jetzt fallen ihm sogar positive Dinge ein.

Ich lasse es heute nicht mehr zu, dass jemand eine halbe Stunde lang über die Mutter schimpft. Das trägt absolut nicht zur Lösung bei, sondern, im Gegenteil: Ich animiere meine Klienten, positive Dinge über ihre Mutter zu äußern, und dann wird auch ihr Bild über die Mutter positiver.

☆☆☆

Eltern und Elternschaft

Bert Hellinger hat einmal gesagt, und diesen Satz wiederhole ich immer wieder: „Wir müssen die *Handlungen* der Eltern von der *Elternschaft* trennen.“

Das bedeutet: Wir müssen nur noch auf die Eltern schauen als *meine* Eltern. Sie haben mir mein Leben gegeben, und dafür bin ich ihnen dankbar. Solange ich einen Elternteil ablehne, solange lehne ich mich selbst ab und werde mein Leben nie in voller Kraft leben können, denn meine Eltern sind meine Wurzeln. Von ihnen nehme ich Kraft als Kind, solange ich lebe. Wenn ich sage: „Ich möchte mit dir nichts zu tun haben", lehne ich diese Kraft ab, und mir fehlt die Lebenskraft. Dann bin ich depressiv und komme nicht in Schwung. Wenn mir in meiner Seele die Mutter fehlt, weil ich sie von dort verbannt habe, kann ich als Frau auch nur schwer Mutter sein. Solch eine Mutter ist mitunter sogar übertrieben vorsichtig mit ihren Kindern und verhält sich wie eine Glucke - und doch wird sie das Gefühl nicht los, keine guten Mutter zu sein. Um eine glückliche Frau und Mutter zu werden, sollte ich meine Mutter annehmen und mich mit ihr aussöhnen, sofern ich ein Problem mit ihr habe. Das kann ich auch tun, wenn sie schon gestorben ist.

☆☆☆

Die fehlende Mutter

Wenn in der Seele die Mutter fehlt, dann fehlt die weibliche Kraft mit ihren Eigenschaften wie Geborgenheit, Wärme, Nähe, Zuwendung usw.

Unserer Seele kennt das bereits alles, weil wir schon neun Monate im Mutterleib erlebt haben. Nach der Geburt sind wir getrennt von der Mutter und wieder auf der Suche nach Geborgenheit, Wärme, Nähe, Zuwendung usw.

Wenn ich jetzt männlich bin, wer soll mir diese Gefühle geben? Natürlich eine Frau! Wenn ich weiblich bin, verlange ich diese von einem Mann. Das heißt: „Ersetze mir, was mir in meiner Seele fehlt."

Das sagt natürlich keiner von Anfang an, aber der Anspruch ist da: „Ersetze mir die Mutter." Wie ich in meiner Praxis immer wieder erlebe, sind viele Partnerschaften Eltern/Kind-Beziehungen. Einmal fühle ich mich als Kind, dann wechselt es wieder. Dann bin ich der Elternteil, der den anderen bemuttert und sich kümmert. Das ist jedoch ein Konflikt und keine ebenbürtige Partnerschaft. Eine Eltern-Kind-Beziehung kann zwar funktionieren, aber meist gibt es Spannungen, und dann sucht sich einer der Partner eine Außenbeziehung. Wenn zum Beispiel ein Mann zu Hause eine Mutter (als Partnerin) hat, sucht er oft eine Geliebte außerhalb. Da kann er dann Mann sein und die Geliebte Frau. Oder die Frau sucht sich einen Geliebten.

Wenn in meiner Seele ein Mangel an etwas besteht, muss ich diesen Mangel auffüllen, und zwar dort, wo er entstanden ist: Beispielsweise bei der Mutter. Auch ein Abbruch der Beziehung macht mich nicht frei. Wir haben schon im Kapitel Partnerschaft festgestellt: Wut bindet, Hass bindet, Vorwürfe binden. Also bleibe ich negativ an die Mutter gebunden. Aber die Seele sehnt sich nach Wärme und Zuwendung. Dann streiche ich einfach mein Mangelprogramm, indem ich mir Sätze zurechtlege wie: „Die Mutter hat sich nie um mich gekümmert", usw.

Ich sollte besser sagen: „Ich habe es überlebt, ich bin da." (Stimmt doch, oder?) Vielleicht schaue ich mir Mutters Kindheit einmal detaillierter an. Vielleicht ging es ihr viel schlimmer als mir, und sie hat das gegeben, was sie geben konnte.

Ein Baum nimmt sich wie selbstverständlich die Kraft von seinen Wurzeln. Wenn er ein Ego hätte, würde er in unserem Beispiel sagen: „Mit euch will ich nichts zu tun haben. Ich stelle mich woanders hin." Dann würde er beim kleinsten Sturm umkippen. Er hätte keinen Halt und keine Kraft. Ähnlich ist es bei den Menschen. Ich habe sehr viele Klienten, die sagen: „Von denen Kraft nehmen? Die sind ja selbst schwach." Wir müssen lernen, nicht auf die konkreten Handlungen zu schauen, sondern auf die Seele. Von dort aus geben uns die Eltern Kraft. Wir brauchen sie nur anzunehmen.

Ohne Ordnung – keine Liebe

Die Eltern stehen in der Ordnung eine Stufe über uns, ob wir das nun wollen oder nicht. Wie heißt es: Wenn die Ordnung nicht stimmt, fließt auch keine Liebe. Viele Kinder stehen heute über den Eltern, vertreten oft einen Großelternteil, der fehlte. Wenn die Mutter der Mutter früh starb, ersetzt oft das Kind die Großmutter - nach dem Motto: „Liebe Mama, ich kümmere mich um dich!" So steht man schon über der Mutter. Im Alter wird die Mutter dann wirklich wieder zum kleinen Kind. Sie wird regressiv, muss gefüttert und gewickelt werden. Eine Klientin sagte mir einmal: „Meine Mutter sagt sogar: Ich bin das Kind und du bist die Mutter." So wechselten sie die Rollen.

Auch wenn die Mutter ihre Mutter abgelehnt hat, übernimmt oft das Kind stellvertretend die Rolle der Großmutter. Diesen Kampf, den die Mutter mit ihrer eigenen Mutter gehabt hat, trägt nun die Tochter mit ihrer Mutter aus. Dahinter steht das Bild: Wenn du deine Mutter nicht annimmst, nehme ich dich auch nicht an. Die große Familienseele lässt es einfach nicht zu, dass einer ausgegrenzt oder verachtet wird.

☆☆☆

Hass auf die Mutter

Einmal hatte ich eine Alkoholikerin mit schweren Depressionen als Klientin. Sie sagte: „Meine Mutter ist schon zwanzig Jahre tot, und ich hasse sie immer noch. Sie ist schuld, dass es mir so schlecht geht." Das ist natürlich zu einfach, die Schuld auf jemand anderen abzuwälzen. Dass es der Hass war, der sie selbst zerstörte, war ihr bisher nicht klar. Durch diesen Hass blieb sie an die Mutter gebunden und konnte nicht frei für sich selbst werden. Da die Mutter tot war, hing sie an ihr fest. Sie konnte das Leben nicht richtig annehmen. Frei würde sie erst sein, wenn sie sich mit der toten Mutter ausgesöhnt hatte.

Eine andere Klientin, eine ältere Frau mit Unterleibskrebs, hatte schon einige Chemotherapien hinter sich und war im fortgeschrittenen Krankheitsstadium. Die Ärzte konnten nichts mehr für sie tun.

Eines Tages saß sie bei mir als Stellvertreterin beim Familienstellen. Auf einmal begann sie bitterlich zu weinen, und als ich sie fragte, was los sei, antwortete sie: „Mir ist etwas eingefallen, das ich ganz vergessen hatte: Als meine Mutter vor fünfzehn Jahren starb, habe ich ihr am Grab gewünscht, dass sie keine Ruhe finden möge." Die Mutter hatte wohl das ganze Erbe jemand anderem vermacht.

Sie sagte: „Ich glaube, das ist der Grund für meinen Gebärmutterkrebs." Es tat ihr jetzt sehr Leid, und in einer Aufstellung hat sie sich dann mit ihrer Mutter versöhnt.

Glücklich meinte sie: „Auch wenn ich sterben muss, so kann ich jetzt in Frieden gehen."

☆☆☆

Frieden für die Toten

Wenn man einem Toten nicht Frieden wünschen kann, liegt es auf der Hand, dass ein Problem bei einem selbst zurückbleibt.

Eines Tages kam eine Klientin und sagte: „Seit mein Opa gestorben ist, spukt es in unserem Haus." Sie hatte das Gefühl, er säße ihr regelrecht im Nacken und wolle ihr Böses. Ihr Verhältnis zum Großvater war zu Lebzeiten sehr schlecht gewesen. Das Haus, das ursprünglich ihm gehört hatte, wollte sie seit langem verkaufen, aber sie fand keinen Käufer. Sie konnte sich nicht vorstellen, warum, und meinte, er würde es verhindern. Ich machte ihr klar, dass sie es wohl kaum verkaufen könne, ohne sich vorher mit dem Großvater auszusöhnen und für das Haus zu bedanken.

Als wir dann das Problem aufarbeiteten und sich herausstellte, dass hier eine Verstrickung vorlag, versöhnte sie sich mit ihrem Opa und brachte ihm Blumen auf sein Grab. Es tat ihr Leid, dass sie die Sache falsch gesehen hatte. Ihr selbst hatte der Großvater nichts angetan. Sie hatte etwas übernommen, das nicht zu ihr gehörte. Danach gab sie ihm in ihrem Herzen einen guten Platz. Drei Monate später konnte sie das Haus verkaufen. Natürlich hatte sie nun auch nicht mehr das Gefühl, ihr säße jemand im Nacken.

Wir binden uns immer selbst an die Toten, nicht die Toten an uns.

Unsere Verstorbenen

Die Verstorbenen sind uns in der Regel immer wohl gesonnen. Sie wollen uns nichts Böses. Manchmal machen wir ihnen Vorwürfe und sind dadurch an sie gebunden und dann selbst nicht frei. Indem wir ihnen Licht und Frieden schicken, befreien wir uns - und der Frieden wirkt auf uns zurück. Auch hier gilt: die Befreiung funktioniert nur über den Weg der Liebe. Man kann allen Verstorbenen, die zum Familiensystem gehören, im Nachhinein einen guten Platz geben. Sie werden uns dafür belohnen.

Ich möchte eine Seelenreise zur Mutter beschreiben. Egal, ob die Mutter schon tot oder noch am Leben, schwach, krank oder gesund ist. Sie können die Seelenreise in jedem Fall machen.

☆☆☆

Seelenreise zur Mutter

Ich lege mich wieder in einer angenehmen Atmosphäre hin und genieße erst einmal die Ruhe und Entspannung.

Ich beobachte meine Atmung und spüre, wie mich mein Atem meiner Seele immer ein Stück näherbringt.

☆☆

Nun werde ich dahin reisen, wo meine Mutter sich aufhält. Wenn sie schon tot ist, reise ich ins Totenreich oder in den Himmel, egal, welches Bild mir kommt. Wenn sie noch lebt, gehe ich dahin, wo sie jetzt ist.

Ich besuche sie in dem Raum, in dem sie sich aufhält. Ich klopfe an die Tür und gehe hinein. Was macht sie gerade? Wie fühlt sie sich? Wie sind meine Gefühle? Wie schaut sie mich an? Vielleicht hat sie auf mich gewartet? Ich schaue ihr nur in die Augen.

☆☆

Ich stelle mir folgendes Bild vor: Die Mutter sitzt auf einem Stuhl und ich knie mich vor sie hin und lege meinen Kopf in ihren Schoß.

(Wenn zwischen uns ein Bruch entstanden ist, sage ich ihr, was mich damals verletzt hat und was schlimm für mich war.)

Doch dann sage ich ihr: „Ich möchte mit dir Frieden schließen. Jetzt ist es gut, liebe Mama. Ich bin dein Kind, und du bist meine Mutter".

Ich bleibe eine Weile in dieser Haltung. Dann nimmt sie ihre Hand und streicht mir übers Haar. Ich spüre eine tiefe Geborgenheit und Wärme in meiner Seele. Ich genieße diesen Moment, solange er für mich stimmig ist.

Dann stehe ich wieder auf, die Mutter ebenfalls, und ich schaue sie einfach nur an. Auf einmal sehe ich hinter ihr ihre eigene Mutter stehen, also meine Großmutter. Auch hinter der Großmutter steht ihre Mutter, meine Urgroßmutter. Ich erkenne, dass ich von diesen Frauen meine weibliche Kraft bekomme. Mir wird ganz ehrfürchtig zu Mute, wenn ich sie gemeinsam so dastehen sehe. Ich schaue sie alle an und verneige mich vor ihnen. Ich spüre, welche Kraft von ihnen zu mir fließt.

Dann sage ich ihnen: „Danke! Ihr alle habt in meinem Herzen einen guten Platz. Ich mache etwas Gutes aus eurer Kraft." (Wenn mir danach ist, nehme ich sie in den Arm.)

☆☆

Dann drehe ich mich um und stelle mich vor sie hin, so dass ich alle in meinem Rücken stehen habe. Ich spüre, wie die Kraft von hinten zu mir fließt. Ich verweile kurze Zeit in dieser Haltung.

Dann verabschiede ich mich und gehe aus dem Zimmer. Ich weiß, ich kann jederzeit zurückkehren und sie alle besuchen, wenn ich es möchte.

Ich atme mich nun langsam wieder zurück und spüre meinen Körper. Ich recke und strecke mich, atme ein paar Mal kräftig ein und aus und genieße noch eine Weile die Zeit für mich.

Das ist eine Seelenreise, die Heilung für die Seele bringt und immer wieder durchgeführt werden kann. Aber machen Sie diese Reise nur, wenn Sie absolute Ruhe haben und hinterher nicht sofort arbeiten oder Auto fahren müssen.

Sollten noch Vorwürfe an die Mutter oder Großmutter vorhanden sein, können Sie bei der nächsten Seelenreise auch konkret sagen, was damals für Sie schlimm war. Bitte machen Sie dabei keinerlei Vorwürfe. Sagen Sie: „Es war schlimm, dass ich immer geschlagen wurde!“ Irgendwann spüren Sie, dass es gut ist. Wir sind erwachsene Menschen und hängen uns nun nicht mehr an negativen Erlebnissen der Vergangenheit fest. Sie werden spüren, dass es Ihnen immer besser geht und vieles in Ihrem Leben leichter wird.

Sie können diese Seelenreise auch zum Vater machen und sich vorstellen, wie der Großvater und Urgroßvater dazukommen. Dann kommt die männliche Kraft von dort.

☆☆☆

Frieden in der eigenen Familie

Erst wenn wir in unserer Familie und in unserem Umfeld Frieden schaffen, können wir an andere denken.

Hier ein weiteres Beispiel aus der Praxis: Zu der Zeit, als der Krieg im Irak durch die Amerikaner begann, sagte eine der Teilnehmerinnen beim Familienstellen am Morgen in der Gesprächsrunde: „Können wir eine Aufstellung für den Weltfrieden machen?“ Ich lehnte ab. Am Nachmittag stellte sie dann ihre Familie auf und erklärte: „Ich hasse meine Mutter und meinen Vater.“ (Wie war das mit dem Weltfrieden?)

Mir fällt der Spruch ein: „Wenn jeder vor seiner eigenen Haustüre kehren würde, wäre überall gekehrt.“ Wir haben fast alle viel bei uns selbst zu tun und sollten auch zuerst da nachschauen.

☆☆☆

Tote Kinder im Familiensystem

In meiner Praxis fällt mir immer wieder auf, wie selten verstorbene Kinder im Familiensystem mitgezählt werden. Extrem ist es bei Totgeburten oder wenn ein Kind nur ein paar Tage oder Wochen gelebt hat. Manchmal werden sie sogar ganz vergessen.

Hier möchte ich ein Beispiel erzählen: In einer Familie gab es eine Totgeburt. Der Junge hätte Karl geheißen. Kurz danach kam ein Mädchen zur Welt. Wenn dieser Karl vergessen bzw. verdrängt wird, kann es sein, dass das Mädchen „ihn“ bei den Eltern mitvertritt. Dieses Mädchen hat dann meist sehr maskuline Züge, spielt Fußball, fährt Motorrad und läuft natürlich eher in Jeans herum als im schicken Kleid. Sie vertritt unbewusst den toten Bruder. Später hat sie dann häufig ein Problem mit ihrer Rolle als Frau.

Genauso ist es, wenn ein Junge eine tote Schwester vertritt. Da spielt er dann als Kind mehr mit Puppen und trägt, wenn er älter ist, auch Frauenkleider. Männer, die sich einen weiblichen Körper wünschen, haben meist eine weibliche Identifikation. Da sollte man also immer nachschauen, wen ein solcher Mann vertreten muss, wenn er seine Identität nicht findet.

☆☆☆

Vertretung eines „toten“ Kindes durch ein neues Geschwister

Ich hatte einmal beim Familienstellen eine junge Frau, die immer von den Männern verlassen wurde. Ihr Gang war, wie auch ihr ganzes Erscheinungsbild, sehr männlich. Sie sagte mir, sie habe kurz vor dem Seminar erfahren, dass es vor ihrer Geburt eine Totgeburt in ihrer Familie gegeben habe. Es wäre ein Junge gewesen, was sie bis zu ihrem 29. Lebensjahr nicht wusste. Sie war ein Einzelkind und fuhr sogar Motorrad. Als ich sie fragte, was sie denn beruflich mache, antwortete sie: „Ich bin Automechaniker". Schon als Kind reparierte sie gemeinsam mit dem Vater Autos und half ihm bei jeder handwerklichen Tätigkeit. Eigentlich hatte sie eher das Gefühl, ein Junge zu sein, was ihr auch lieber gewesen wäre.

So schlüpfen wir oft in Rollen, die gar nicht unsere sind, und verhalten uns dann wie diese Person. Irgendwann fragen wir uns dann: „Wer bin ich eigentlich?“

Hätte dieser tote Bruder seinen Platz als erstes Kind im Familiensystem bekommen und die Schwester von Anfang an gewusst: „Ich bin die Zweite,“ hätte es diese Verstrickung nicht gegeben. Aber wenn sie nicht einmal weiß, dass sie noch einen toten Bruder hat, wird er automatisch durch sie vertreten.

Das Familiensystem lässt es nicht zu, dass einer vergessen wird. Es ist die Aufgabe der Eltern, dem ersten Kind einen angemessenen Platz zu geben.

In einer Familienaufstellung ließ ich die Frau dann die Eltern, den toten Bruder und sich selbst aufstellen. Dem toten Bruder ging es ganz schlecht, weil niemand ihn sah. Sie hatte ihn hinter sich gestellt. Ihr selbst ging es auch schlecht und sie sagte: „Das ist mir zu schwer im Rücken. Ich breche gleich zusammen." Dann stellte ich ihn zu den Eltern. Da begann die Mutter heftig zu weinen. Sie hatte nie richtig um das Kind getrauert.

Als ich dann die junge Frau zum Vater sagen ließ: „Papa, ich bin ein Mädchen und ich kann dir nicht den Sohn ersetzen", liefen bei allen die Tränen.

Im Anschluss waren alle glücklich. Der verstorbene Bruder hatte wieder einen Platz bekommen. Sein Stellvertreter sagte: „Schön, dass mich alle sehen! Jetzt geht es mir richtig gut." Die Ordnung innerhalb der Familie war wieder hergestellt.

Als ich ein halbes Jahr später die Frau wieder traf, traute ich meinen Augen nicht. Sie hatte eine neue Frisur und ein schickes Kleid an, lachte und meinte: „Jetzt werde ich langsam eine Frau. Dann wird ja mal ein Mann bei mir bleiben!"

☆☆☆

Jedes Kind braucht seinen angemessenen Platz

Familienaufstellungen zeigen immer wieder, wie wichtig es ist, dass jeder im System seinen angemessenen Platz bekommt. Letztendlich möchte auch der Tote nicht, dass man ihn vertritt. Er möchte tot sein dürfen. Alleine ist man allerdings damit überfordert, einen Toten zu vertreten. Man schafft es einfach nicht, und es ist auch nicht die Ordnung.

Wichtig ist also, dass jedes Kind in der Geschwisterreihe seinen Platz hat, auch Totgeburten. Das Kind muss wissen: Bin ich der Erst- oder der Zweitgeborene?

Man kann, wenn es ein totes Kind gibt, an seinem Geburtstag eine Kerze anzünden, oder mit den lebenden Kindern ein Gebet sprechen. Das ist sehr befreiend für die Geschwister. So gerät das Kind nicht in Vergessenheit.

Auch wenn es keine Totgeburten gibt, ist es für die Kinder wichtig, dass die Ordnung eingehalten wird. Oft stellen sich kleinere Kinder über das ältere Geschwisterkind. Dann sind meist Probleme vorprogrammiert. Als Eltern müssen wir daher darauf achten, dass jeder an seinem richtigen Platz steht, denn dort fühlt das Kind sich gut und kräftig.

☆☆☆

Die richtige Tischordnung

Man kann auch zu Hause am Tisch schon in der richtigen Ordnung sitzen. Die Eltern sitzen den Kindern gegenüber, die Kinder in der richtigen Reihenfolge: Zuerst das erste Kind, das zweite, das dritte, usw.. Das ältere Kind sitzt immer rechts, dann folgen die jüngeren.

Wenn man einen runden Tisch hat, könnte der Vater rechts sitzen, dann die Mutter, dann das erste Kind, das zweite usw.. Solange ein Kind noch gefüttert werden muss, kann man es noch neben die Eltern setzen.

Als Vater oder Mutter sollte man, wenn man zum Beispiel Essen bei Tisch austeilt, auch darauf achten, dass man immer beim ältesten Kind anfängt: das Erstgeborene bekommt auch zuerst zu essen.

Viele Eltern berichteten mir, dass viel mehr Ruhe eingekehrt sei, nachdem sie eine neue Tischordnung aufgestellt hätten. Wenn die Kinder eifersüchtig aufeinander sind oder ständig streiten, machen oft die Eltern etwas falsch.

☆☆☆☆☆

Kapitel 3
Verstrickungen und ihre Folgen im Familiensystem

Die männliche Kraft des Vaters

Wenn ein Mann seinen Vater nicht annimmt, hat er in der Regel mit seiner Rolle als Mann oder Vater ein Problem. Bert Hellinger sagt: „Wenn ein Mann seinen Vater annimmt, wird er zum Mann, und wenn eine Frau die Mutter annimmt, wird sie zur Frau."

Oft habe ich gesehen, dass ein Mann, der seinen Vater innerlich nicht annimmt, sich häufig eine starke Frau sucht. Er ist dann eher der weibliche, weiche Typ, und seiner Frau fehlt dann die männliche Kraft von ihm. Diese Frauen suchen sich dann zum Ausgleich gerne einen Geliebten.

Wenn der Mann seinen Vater in sich trägt, wirkt er viel männlicher und auf Frauen viel attraktiver. Die Frau achtet ihn viel mehr. Außerdem kann er besser in der Beziehung bleiben. Er kann sozusagen besser seinen „Mann stehen".

In der Familienaufstellung sieht man sehr oft, dass ein Mann, dem der Vater in den Rücken gestellt wird, plötzlich ganz anders neben einer Frau stehen kann. Er fühlt sich dann sicherer und standhafter.

☆☆☆

Sohn-Mutter-Bindung

Viele Männer sind, wenn sie ohne Vater aufgewachsen sind, an die Mutter gebunden und oft überhaupt nicht frei für eine Frau. Bei Junggesellen, die noch mit 50 Jahren bei der Mutter wohnen, sieht man das sehr deutlich. Innerlich sagt so ein Mann oft: „Ich bleibe bei dir, Mama. Ich verlasse dich nicht. Ich mache es nicht wie der Papa." Das ist ein innerer Kindersatz. Er verspricht ihr unterschwellig die ewige Treue und hält sie auch tapfer ein. Diese Männer sind stark weiblich geprägt. Ihnen fehlt die männliche Kraft völlig

Ich hatte einmal einen 62 Jahre alten Herrn in der Praxis, der immer noch mit seiner Mutter zusammenlebte. Einen Vater gab es nicht. Er hatte die Mutter verlassen, als sie mit dem Sohn schwanger war. Der war immer noch Junggeselle und meinte: „Keine Frau war meiner Mutter recht. Irgendetwas gefiel ihr immer nicht." Nach dem Motto: „Die kommt mir nicht ins Haus!" Er hatte sich ihr nie widersetzt. Doch im Geheimen war er der Mutter böse und hegte eine Hassliebe zu ihr.

Aber er hatte nie den Mut zu gehen, da ihm die männliche Kraft fehlte. Außerdem ersetzte er bei der Mutter den Mann. Da sie nie mehr einen Mann gefunden hatte, richtete sie ihre ganze Aufmerksamkeit auf den Sohn und band ihn an sich. Und der fühlte sich nicht als Sohn bei ihr, sondern als Partnerersatz. Die Mutter hat, wohl bemerkt, auch nie positiv über seinen Vater geredet, so dass er ihn heute auch nur „Erzeuger" nennt.

In einer Familienaufstellung ließ ich ihn den Vater aufstellen. Zuerst war er wütend, dann trotzig, doch dann kam das Gefühl des Verlustes, dass er noch nie einen Vater gehabt hatte, in ihm hoch. Und schließlich konnte er ihm sagen: „Du hast mir gefehlt. Ich hätte auch gerne einen Vater gehabt. Schade."

Wenn tief in seiner Kinderseele die Sehnsucht nach dem Vater, den er nie gehabt hat, aufkommt, ist er einen großen Schritt weiter, denn wenn er in seiner Seele den Vater annehmen kann, wird er kräftiger und kann sich dann irgendwann von der Mutter lösen.

Fallbeispiel: Vater hat sich erhängt

Ich hatte einen jungen Mann in meiner Praxis, der wegen schwerer Depressionen kam: „Ich habe keine Kraft mehr. Ich bin jetzt 32 Jahre alt und schon halb tot."

Sein Vater hatte sich erhängt, als er sieben Jahre alt war. Er hatte ihn auf dem Dachboden gefunden. Der Vater war 32 Jahre alt, als er Selbstmord beging. Also im gleichen Alter, wie der Sohn jetzt auch war.

Was er mit sieben Jahren erlebt hatte, hatte er nie verarbeitet. Die Gefühle waren wie abgespalten. Er musste schon ganz früh stark und groß sein, auch für seine Mutter. Danach passte er immer auf die Mutter auf, damit sie ihn nicht auch verlassen würde, war aber mit dieser Rolle völlig überfordert. Nun war er am Ende seiner Kräfte. Er wusste: Selbstmord mache ich nicht, aber dieses Leben kann ich so auch nicht weiterführen.

In einer Familienaufstellung stellte er den Stellvertreter des Vaters ganz weit weg und schaute ihn überhaupt nicht an. Zuerst kam eine riesige Wut aus ihm heraus, dass der Vater abgehauen war und ihn und die Mutter im Stich gelassen hatte. Dann folgte eine große Trauer über den Verlust des Vaters, die er nie hatte leben können. Nie mehr hatte er seitdem über irgendetwas geweint. Er war wie versteinert.

Als dieser Schmerz aus ihm herausgebrochen war, konnte er langsam seinen Vater wieder in sich annehmen. Das ist ein Seelenprozess, der ganz behutsam in der Seele Heilung geschehen lässt.

In der Therapie muss zuerst die Wut abgetragen werden, unter der ein tiefer Schmerz sitzt. Wenn dieser Schmerz zugelassen wird, kann die Liebe wieder fließen und die Kraft des Vaters wieder in die Seele eindringen. Dadurch gibt man seinem Vater in seinem Herzen einen guten Platz.

☆☆☆

Der fehlende Vater

Wenn einer Frau in der Seele der Vater fehlt, weil er vielleicht nie da war oder sie ihn aus irgendeinem Grunde ablehnt, fehlt ihr die männliche Kraft. Das wirkt sich bei ihr dann so aus, dass sie handlungsunfähig, schwach und kraftlos ist.

Sie sucht sich dann meist einen Mann, der ihr den Vater ersetzt und sie versorgt und ihr Halt gibt. Das ist dann wieder so ein Eltern/Kind-Verhältnis. Diese Beziehung ist im Ungleichgewicht, weil der Mann ihr nicht den Vater ersetzen kann, denn er ist nicht ihr Vater und mit dieser Rolle auf Dauer überfordert. Dann sucht er sich gerne eine Geliebte, weil er in dieser Beziehung „Mann“ sein kann und seine Geliebte „Frau“, - und der Ausgleich ist für ihn wieder hergestellt.

Oder die Beziehung zu seiner Frau ist von der Art, dass „man sich arrangiert“, doch besonders glücklich sind beide dann nicht. Häufig finden sich auch Paare, bei denen der Frau innerlich der Vater und dem Mann die Mutter fehlt. Der Partner soll dann den Mangel ersetzen, was er auf Dauer jedoch meistens nicht kann.

Beziehungsfähig ist man erst, wenn man Vater und Mutter in sich trägt. Durch diese Kraft wird man erwachsen und steht sicher im Leben. Dann kann man eine stabile Partnerschaft ausfüllen und sich selbst und auch seinem

Partner Halt geben. Andernfalls fällt man beim kleinsten Sturm um.

Man kann sich seinen inneren Mangel aber auch selbst auffüllen. Wenn man in sich vollständig gefestigt ist, ist man nicht mehr abhängig von Partnern, Alkohol oder wem oder was auch immer. Es ist dann einfach schön, einen Partner zu haben. Aber man kann auch allein sein, wenn es das Leben erfordert.

☆☆☆

Nicht alleine sein können

Eine meiner Patientinnen, eine junge, verheiratete Frau, sagte: „Ich kann nicht alleine sein. Wenn ich abends alleine zu Hause bin und mein Mann ist noch nicht da, habe ich immer Angst, und ich kann auch nicht einschlafen, bis er kommt."

Wenn der Mann nicht da war, musste eine Freundin kommen. Wenn keiner da war, kamen in ihr Panik und Angst auf.

Als diese Frau vier Jahre alt war, starb ihr Vater. In ihrer Seele fehlte der Vater völlig. Allerdings hatte sie sich mit dem Thema nie auseinandergesetzt, weil ihr das Angst machte. Nun wurde diese Angst auf das Alleinsein projiziert, und der Ehemann sollte diesen Mangel ausfüllen. Ihr Mann war natürlich damit überfordert, was er seiner Frau auch schon gesagt hatte. Solange sie so von ihm abhängig war, konnte weder er noch sie frei sein.

Manche Menschen drohen auch damit: „Wenn mein Partner mich verlässt, bringe ich mich um." Das kann langfristig niemand ertragen. Das Ergebnis ist meistens eine Beziehungshölle. Der Partner ist innerlich ein kleines Kind, das eine Mutter braucht.

Wenn man voll in seiner eigenen Kraft steht, kann man das Leben auch alleine bewältigen. Keiner ist für das Leben des anderen verantwortlich!

Suchtgefahr

Bei vielen jungen Menschen, die drogen- oder alkoholabhängig sind, fehlt häufig der Vater in der Seele. Sie haben keinen Halt. Durch die vielen Scheidungskinder wird das heutzutage mehr und mehr zum Problem.

Es ist wichtig, dass Kinder, deren Eltern sich scheiden lassen und die bei der Mutter bleiben, das Besuchsrecht beim Vater erhalten und dieses genutzt wird. Viele Mütter meinen, sie täten ihren Kindern besser als der Vater. Aber das Kind liebt auch seinen Vater. Es liebt beide. Wenn die Mutter den Kontakt zum Vater des Kindes unterbindet, rächt sich das Kind manchmal, wenn auch unbewusst, dafür. Es „sucht“ den Vater.

Sucht hängt immer mit „Suche“ zusammen, also müssen wir schauen, wer oder was fehlt. Meistens ist es eine Person aus dem Familiensystem.

Im späteren Kapitel „Krankheitsbilder“ gehe ich auf das Thema „Sucht“ noch ausführlicher ein.

☆☆☆

Vater-Sohn-Bindung

Eines Tages kam eine Frau in meine Praxis, deren einziger Sohn Selbstmord begangen hatte. Sie war total verzweifelt und steckte in einem tiefen emotionalen Loch.

Ich fragte sie: „Was ist mit dem Vater des Sohnes?“ Sie sagte: „Er hat keinen Vater“.

Ich sagte ihr, das könne ja wohl nicht möglich sein, woraufhin sie mir erklärte, sie habe sich scheiden lassen, als der Sohn zwei Jahre alt gewesen sei. Sie habe dafür gesorgt, dass er keinen Kontakt mehr zum Kind hatte. Es wäre doch *ihr* Kind. Kein Wunder, dass der Sohn keinen Halt hatte.

Die Bedeutung des Satzes: „Das ist mein Kind!“ ist allein schon eine Anmaßung. Nun hatte auch sie kein Kind mehr, wie ihr geschiedener Mann damals und musste jetzt den Schmerz, einen Sohn verloren zu haben, aushalten.

Das Schicksal kann schon hart sein, aber, genau betrachtet, gleicht es auch vieles aus.

Nach dem geistigen Gesetz von Ursache und Wirkung ist es wichtig zu überlegen, welche Ursache man hervorruft und welche Wirkung man damit erzielen wird. Was man einem anderen antut, fällt auf einen selbst zurück. Im Kosmos geht nichts verloren. Wir kennen ja das Gesetz: „Bedenke die Konsequenzen, bevor du etwas tust.“

Vater–Tochter-Beziehung

Manchmal hat die Tochter eine sehr starke Vaterbindung, während das Verhältnis zur Mutter gestört ist. Sie liebt ihren Vater über alles und sagt schon als kleines Mädchen: „Papa, wenn ich groß bin, heirate ich dich."

Das heißt: Sie fühlt sich schon als Kind als die bessere Partnerin an Papas Seite, und meistens beginnt dann ein Konkurrenzkampf mit der Mutter. Auch dieses Verhältnis muss ausgeglichen werden. Vater und Mutter sollen im Kind ebenbürtig einen Platz haben und auf gleicher Ebene stehen. Keiner ist besser oder schlechter als der andere.

Oft hat dann solch eine Tochter später ein Problem mit Männern. Kein Mann ist ihr gut genug, weil sie unbewusst den Vater sucht, nach dem Motto: „So wie mein Vater muss er sein." Es ist aber keiner wie der Vater, und es wird auch nie einer so werden.

Diese Frauen werden später gerne zur Geliebten. Sie haben dann ein Verhältnis zu einem verheirateten Mann, bei dem die Ehefrau ausgegrenzt wird. Die Geliebte sagt sich: „Ihm geht es bei seiner Frau nicht gut, also kommt er zu mir." Sie fühlt sich als die Besondere für den Mann, aber eine echte Partnerschaft würde nicht funktionieren. Sie befindet sich in einer Dreiecksbeziehung, wie schon früher bei Vater und Mutter. Da stand sie auch dazwischen.

Als Kind hat sie sich besser als die Mutter gefühlt und später besser als die Ehefrau des Geliebten. Sie hofft, dass der seine Frau verlässt, wenn es die Umstände erlauben, und mit ihr lebt. Das würde aber nicht funktionieren, da sie innerlich ihrer Rolle treu bleibt. Das alles passiert jedoch unbewusst, ohne dass sich die Betroffenen darüber im Klaren sind.

Die Lösung ist, ihre übermäßige Vaterbindung zu lösen und innerlich zur Mutter zu gehen, um ihr zu sagen: „Du bist die richtige Frau für Papa, und ich bin nur das Kind, und nichts anderes." Das wird oft wie ein Machtverlust erlebt. Man muss eine zu große Rolle aufgeben und wieder klein, also Kind, werden. Den Status „Geliebte" gibt man nicht gerne her, fühlt man sich doch lieber groß als klein. Doch die Ordnung ist: „Bei den Eltern bin ich das Kind, - und sonst nichts." Die Eltern sollten in der Seele ebenbürtig vorhanden sein, keiner besser oder schlechter als der andere.

Wenn man diesen Prozess verinnerlicht hat, wird man in der Regel auch nicht in eine bestehende Ehe eindringen, weil man frei ist und nicht mehr dieses Dreiecksverhältnis braucht. Dann kann die Frau einen Mann in ihr Leben lassen, der frei ist, weil sie es selbst auch ist.

Fallbeispiel: Verhältnis zu einem verheirateten Mann

Ich hatte eine Frau in meiner Praxis, die seit neun Jahren die Geliebte eines verheirateten Mannes mit zwei Kindern war. Jedes Jahr sagte er ihr: „Momentan kann ich meine Frau noch nicht verlassen.“ Dafür gab es viele Gründe, einer „besser“ als der andere:

- Die Kinder sind noch zu klein, sie brauchen mich noch.
- Wenn die Kinder mit der Schule fertig sind, dann gehe ich.
- Wenn das Haus abbezahlt ist.
- Die Schwiegermutter ist gerade gestorben. Da kann ich es jetzt meiner Frau nicht antun, sie auch noch zu verlassen.
- Wenn die Kinder fertig studiert haben.
- Der begonnene Umbau muss noch fertig werden.
- Meine Frau ist sehr krank.

So gab es jedes Jahr einen neuen, schwer wiegenden Grund. Er hielt sie so in seiner Abhängigkeit. Schließlich hatte er immer weniger Zeit für sie, aber sie liebte ihn immer noch. „Er ist mein Traummann,“ sagte sie. Das hört sich zwar schon eher nach Trauma an, aber...

Irgendwann erfuhr sie durch einen dummen Zufall, dass er noch ein Verhältnis hatte - mit seiner Sekretärin. Das war dann doch zuviel – selbst für sie!

In Wirklichkeit wollte dieser Mann nie seine Ehefrau verlassen. Warum sollte er auch? Er hatte doch alles.

Die wenigsten Männer gehen. Doch wenn es denn mal einer tut, dann funktioniert die neue Beziehung auf Dauer meistens auch nicht!

Die Geliebte

Die Geliebte ist innerlich nicht frei, was ihr in der Regel selbst nicht bewusst ist. Und wenn man selbst nicht frei ist, kommt kein freier Mann. Wenn eine Frau also nur Männer anzieht, die gebunden sind, sollte sie mal genauer hinsehen, in welchem Bereich sie selbst gebunden ist. Das kann beim Vater sein oder einem früheren Partner. Meistens ist es ihre eigene Bindungsunfähigkeit, und man muss dann die Ursache finden, was in der Regel in einer Therapiesitzung auch gelingt.

Es gibt natürlich auch Frauen, die möchten nichts anderes als einen gebundenen Mann. Die finden das ganz toll. So haben sie jemanden für „gewisse Stunden“, brauchen aber keine Verantwortung für die Beziehung zu übernehmen. Ich habe solche Frauen gefragt: „ Wenn der Mann sich jetzt scheiden lassen würde, was würden Sie machen?“ und bekam dann als Antwort: „Ich würde wahrscheinlich Schluss machen.“ Daran sieht man ganz klar, dass eine solche Geliebte gar keine feste Beziehung will. Doch das ist ihr oft nicht bewusst.

Viele Partnerschaften funktionieren deshalb nicht, weil einer der Partner (oder beide) noch an seine Herkunft gebunden ist. Es ist also sehr wichtig, sich von seiner Vergangenheit zu lösen.

Nesthocker

In der letzten Zeit scheint es immer mehr gang und gäbe zu sein, dass Kinder lange im Elternhaus bleiben. Sie wohnen noch mit 35 Jahren oder sogar später bei den Eltern und scheinen den Zeitpunkt für den Auszug verpasst zu haben. Es ist ja so bequem im „Hotel Mama", denn die wäscht und kocht und bügelt. Man braucht sich um nichts zu kümmern und übernimmt auf diese Weise nie Verantwortung für das eigene Leben. Und dann ist es natürlich auch schwer, Verantwortung für eine Beziehung zu übernehmen, wenn man jemals eine haben sollte.

Ich hatte in meiner Praxis eine 34-jährige Frau. Sie wollte immer von zu Hause ausziehen, aber irgendetwas war immer los: Sie fand nicht die richtige Wohnung, oder, oder, oder. Dann lernte sie einen netten Mann kennen, der wollte sie heiraten und ein Haus bauen. Nun bekam sie ein richtiges Problem:

„Ich weiß gar nicht, ob ich zu Hause ausziehen kann. Ich kann das meinen Eltern nicht antun."

Ich sagte ihr, sie müsse sich entscheiden und mit ihren Eltern darüber sprechen. Beim nächsten Besuch in der Praxis erzählte sie, die Eltern hätten nichts gegen ihre Hochzeit, worüber sie sehr erstaunt war, denn sie selbst hatte das immer ganz anders gesehen. Aber sie konnte sich trotzdem nicht entscheiden.

Zwei Jahre zog sich der Prozess hin. Ich machte ihr klar, dass, wenn *sie* es nicht tue, ihr Partner eine Entscheidung treffen werde, denn auf die Dauer sei dieser Zustand für ihn unzumutbar. Und siehe da, im dritten Jahr lernte der Mann eine andere Frau kennen und beendete die Beziehung! Jetzt war die erste total verzweifelt. Sie hatte den Zeitpunkt verpasst, sich von ihren Eltern abzunabeln und Verantwortung für sich und ihr eigenes Leben zu übernehmen. Aber je älter ein Mensch wird, desto schwieriger wird es.

In meinen Augen sollten Kinder bis spätestens zum 25. Lebensjahr auf eigenen Füßen stehen, wozu auch eine räumliche Trennung gehört. Wenn sie es freiwillig nicht tun, sollten die Eltern nachhelfen, denn einen Gefallen tut man seinen Kindern nicht, wenn man ihnen alles abnimmt. Im Gegenteil: Man hindert sie an ihrer eigenen Entwicklung.

Die Natur macht es richtiger: Wenn das Vögelchen nicht fliegen will, schmeißt es die Mutter aus dem Nest!

☆☆☆☆☆

Kapitel 4
Lösungsansätze für Großeltern/Konflikte

Die Großeltern

Großeltern und Enkelkinder haben oft eine starke Bindung, auch wenn sich die Enkel und die Großeltern möglicherweise nicht mehr kennen gelernt haben.

Die Enkelkinder sollten wenigstens wissen, was mit den Großeltern war. Woran sie gestorben sind, oder ob es ein wichtiges Ereignis bei den Großeltern gab, wie zum Beispiel Selbstmord, Krieg, Flucht, schlimme Krankheiten, Tod der Großmutter im Kindbett oder Ähnliches, denn es kann sein, dass ein Enkelkind das Schicksal seiner Großeltern nachahmt, ohne dass der/die Betroffene es weiß.

Hier ein Beispiel aus meiner Praxis:

Vor einiger Zeit kam eine 45-jährige, selbstmordgefährdete Frau mit Depressionen in meine Praxis. Sie war völlig kraftlos und nahm schon seit vielen Jahren Antidepressiva.

Ich fragte sie nach ihren Eltern: Zum Vater hatte sie gar keinen Kontakt, zur Mutter nur einen schlechten: sie lehnte sie ab. Sie war die ersten fünf Jahre bei der Großmutter aufgewachsen, die sie sehr liebte. Dann beging die Großmutter Selbstmord. Danach lebte sie wieder bei den Eltern, zu denen sie sich aber nie hingezogen fühlte. Als die Großmutter starb, gab es, wie sie es beschrieb „einen Bruch“ in ihrem Leben.

Ich fragte sie, da sie ja selbst Selbstmordtendenzen hatte, ob sie zu ihrer Großmutter wolle. Sie sagte spontan Ja und begann bitterlich zu weinen. Bis zu diesem Zeitpunkt war ihr nie bewusst, dass ihr Problem mit der Großmutter zusammenhing.

Ich ließ sie eine Familienaufstellung mit Figuren machen. Die Eltern stellte sie weit weg, sich selbst stellte sie neben die Großmutter und sagte zu ihr: „Liebe Oma, ich komme zu dir.“ Das war die Dynamik, die in der Seele wirkte.

Danach fragte ich sie, was die Oma dazu sagen würde, wenn sie jetzt auch Selbstmord beginge, so wie diese damals, und zu ihr kommen würde. Das hatte sie sich noch nie überlegt. Ich riet ihr, sie solle sich einmal in die Oma hineinversetzen und versuchen zu spüren, was die Oma ihr zu sagen hätte.

Die antwortete spontan: „Jetzt lebe endlich mal dein Leben!“ Da wurde ihr erst bewusst, dass sie nie richtig gelebt hatte, womit der Oma auch nicht gedient war. Sie stand innerlich wie blind neben ihrer toten Großmutter. Alles andere sah sie gar nicht, - nicht mal die Eltern, die ja noch am Leben waren, - und somit sah sie auch das Leben nicht.

Außerdem trug sie nur schwarze Kleidung. Ich fragte sie, wie es denn so farblich in ihrem Kleiderschrank aussähe. „Überwiegend schwarz." Sie war ständig in Trauer – und auch das war ihr nie bewusst gewesen.

Manche Menschen sind den Toten näher als den Lebenden. Man kann sich vorstellen, dass man so nicht mit voller Kraft im Leben steht, geschweige denn sein Leben genießen kann.

Der erlösende Satz lautete: „Liebe Oma, ich bleibe noch und mache etwas Gutes aus meinem Leben, dir zu Ehren. Es soll nicht umsonst gewesen sein." Jetzt war sie gefordert, zu handeln, denn:

In der Handlung liegt die Kraft.

Aber sie braucht auch die Kraft der Eltern. Das wäre der nächste Schritt, der zu tun wäre.

☆☆☆

Selbstmordabsichten

Bei Selbstmordtendenzen ist immer zu prüfen, wo der Betroffene hin will. Meistens zu jemandem im Totenreich, mit dem er in Liebe verbunden ist. Das kann ein Kind, ein Geschwister, ein Elternteil oder auch ein Großelternteil sein, manchmal sogar ein Onkel oder eine Tante.

Wenn dem betreffenden Menschen diese Dynamik bewusst gemacht wird, kann er sie verändern, indem er zum Beispiel jeden Tag ganz bewusst eine gute Tat tut. Das ist etwas anderes, als der Großmutter unbewusst nachzufolgen.

Was aber in diesem Fallbeispiel besonders wichtig war: Die Frau begann, sich erst jetzt von der Oma zu verabschieden, was sie bisher noch nicht getan hatte, denn dazu war sie mit fünf Jahren noch zu klein gewesen. Und in diesem Schwebezustand, immer mit den Selbstmordgedanken im Kopf, in dem sie weder bewusst „Ja" noch „Nein" zum Leben sagen konnte, war es ihr unmöglich, ihre Kraft wiederzufinden.

Einmal hatte ich eine Frau mit einer ähnlichen Sichtweise. Sie sagte mir: „Früher lief ich jeden Tag mit dem Hund am Friedhof vorbei." Nachdem sie das Thema bearbeitet hatte, wählte sie unbewusst einen anderen Weg. Aber das fiel ihr erst hinterher auf.

Genauso ist es mit der Kleidung. Man kauft sich unbewusst nur schwarze Sachen, aber nicht, weil man trauert, sondern weil man Schwarz für seine Lieblingsfarbe hält. Menschen, die ihren Blick auf das Leben richten, verändern ihre Kleiderfarbe, meistens sogar das gesamte Outfit, wie ich oft in meiner Praxis erlebt habe.

☆☆☆

Verlust des Großvaters im Krieg

Diese Thema taucht in vielen Familienaufstellungen auf, wobei die Situation immer wieder dieselbe ist. Wenn ein Klient mit Kriegsthema die Familie aufstellt und eine oder mehrere Personen zu frieren beginnen, stellt sich auf meine Rückfrage fast immer heraus, dass der Großvater in Russland geblieben ist.

Dass alle frieren, ist ein seltsames Phänomen. Irgendetwas scheint ungelöst zu sein, meistens etwas, das Angst macht. Wenn man jedoch längere Zeit auf den Großvater blickt und das Leid erkennt, kann es sich lösen. Früher haben viele Frauen die Kinder alleine großgezogen, weil der Mann im Krieg blieb. Heute scheint sich das Phänomen der Alleinerziehenden zu wiederholen, natürlich aus anderen Gründen. Man kann ja schließlich eine Ehe auf unterschiedliche Weise beenden. Oft taucht das Thema beim Enkelkind wieder auf.

Oft scheint der Enkel in die Geschichte des Großvaters verstrickt zu sein, dessen Schicksal er manchmal unbewusst nachahmt. Er kämpft, er rächt sich, - manche hassen Ausländer und wissen gar nicht, warum.

Ich hatte einen jungen Mann in der Praxis, der vor allem Russen gegenüber sehr feindlich eingestellt war, und sagte: „Ich kann nicht mal durch eine Siedlung laufen, in der Russen wohnen, dann schnürt es mir schon die Kehle zu.“ Er hatte jedoch nie negative Erfahrungen mit Russen gemacht. Also forschte ich in seinem Familiensystem nach. Dabei kam heraus, dass der Großvater in Russland im Krieg gefallen war. Der Enkel meinte wohl, sich für ihn rächen zu müssen, was allerdings völlig unbewusst ablief. Über eine Familienaufstellung konnte er das Thema für sich aufarbeiten.

Die Großeltern sind in jedem Fall sehr wichtig, und die lösenden Sätze lauten:

- Lieber Opa, was zu dir gehört, lasse ich bei dir.
- Ich achte dein Schicksal.
- Schaue freundlich auf mich als dein Enkelkind.
- Du hast in meinem Herzen einen guten Platz als mein Opa „ ....“.(Name)

Hier ist es wichtig, den Namen des Großvaters zu nennen, denn ich habe sehr oft erlebt, dass die Leute gar nicht wissen, wie der Großvater heißt. Wenn man seinen Namen nicht in sich trägt, hat er auch keinen Platz in der eigenen Seele.

Manchmal können gebildete und belesene Menschen die ganze Lebensgeschichte von Goethe, Schiller oder anderen Persönlichkeiten erzählen, - fragt man sie aber nach dem eigenen Großvater, dann antworten sie: „Das weiß ich nicht."

Die Namen der Großeltern sind wichtig, weil man in seiner Seele auch die Großeltern und ihre Geschichte trägt. Auch zur Großmutter kann man diese Sätze sprechen. Lösende Sätze können ja nicht schaden. Doch wenn einem das Schicksal der Großeltern Angst macht, kann in die eigene Seele kein Frieden einkehren.

☆☆☆

Von den Großeltern übernommene Ängste

Eine meiner Klientinnen, die unter schweren Angstvorstellungen litt, meldete sich zum Seminar nach Bert Hellinger an. Im Seminar sagte sie dann: „Ich habe solche Ängste. Außerdem bin ich nichts wert, und ich habe das Gefühl, ich darf nicht sein".

Dieser Satz löste etwas in mir aus, und ich dachte: Was heißt das denn: „Ich darf nicht sein?" Ich fragte sie nach den Eltern. „ Da ist alles o.k., die leben noch." Dann fragte ich sie nach den Großeltern. Sie wusste nur über die Eltern des Vaters Bescheid, von den Großeltern mütterlicherseits wusste sie nichts.

Nach längerem Nachfragen, ob die Mutter denn nie etwas erzählt hätte, sagte sie ganz leise, und musste sich dazu richtig überwinden: „ Ich habe gehört, dass mein Opa Jude war." Aha, da gehörte der Satz hin: „Ich darf nicht sein."

Wir haben das System dann aufgestellt. Es war eine der dramatischsten Aufstellungen, die ich je erlebt habe. Soviel Angst, wie sich in dieser Aufstellung gezeigt hat, habe ich noch nie gesehen. Die Enkelin hatte die Angst des Großvaters übernommen, und mit ihr das ganze Gefühl der Wertlosigkeit.

Es war ein sehr langer Prozess, bis sie schließlich ihren Großvater anschauen konnte. Da brach das ganze

Leid aus ihr heraus. Als ich sie am Schluss zu ihm sagen ließ: „Opa, ich bin auch Jude“, weinten beide. Sie nahm ihren Opa in den Arm, und es floss eine so tiefe Liebe, - und diese Liebe löste die Angst auf. Wir konnten alle sehen, wie sich die Frau innerlich zusehends aufrichtete, und indem sie ihr Schicksal annahm, wurde es für sie leichter.

Wenn ich meine Großeltern und Eltern nicht als das, was sie sind, anerkennen kann, kann ich mich auch selbst nicht anerkennen. Solange in der Frau die Angst des Großvaters und der Programmsatz „Ich darf nicht sein" wirkte, solange war es unmöglich für sie, ihr Leben anzunehmen. Sie hatte alles übernommen und lebte die gleichen Gefühle wie ihr Großvater. Hier kann man sehen: Den Eltern ging es gut. Sie hatten keine Probleme. Aber die Enkeltochter trug die ganze Last, - unbewusst in dem Glauben, wenn sie die Tatsache, dass der Großvater Jude war, verdrängte, würde es sie nicht belasten. Doch das Gegenteil war der Fall.

Erst wenn man sein Schicksal annimmt, wird es leichter. Ich erzählte ihr, was Kurt Tucholsky einst gesagt hatte:

Ich bin stolz, Jude zu sein.
Wäre ich nicht stolz, wäre ich trotzdem Jude.
Also bin ich doch lieber gleich stolz.

Ich habe die Klientin nach gut einem Jahr wieder getroffen. Sie erzählte mir, es sei noch alles schwer. „Aber ich kann viel besser mit den Dingen umgehen. Ich spüre, es wird leichter. Und die Ängste sind auch besser geworden.“

☆☆☆

Seelenreise zu den Großeltern

Sie nehmen Kontakt zu Ihren Großeltern, den Eltern des Vaters und den Eltern der Mutter auf. Jetzt kommt bestimmt bei vielen der Einwand: „die sind doch schon tot", oder „meinen Opa väterlicherseits habe ich nie kennen gelernt." Aber das spielt auf der Seelenebene keine Rolle. In Ihrer Seele sind alle vorhanden, auch wenn Sie den einen oder anderen nicht mehr erlebt haben.

Entscheiden Sie sich, welchen Großelternteil Sie zuerst besuchen, wichtig ist nur, dass Sie immer nur zu einem gehen, und am nächsten Tag, oder wenn Sie wieder Zeit haben, den nächsten besuchen. Nehmen wir mal an, dass Sie bei der Oma anfangen, zum Beispiel väterlicherseits.

Stellen Sie sich vor, Sie besuchen die Oma dort, wo sie wohnt. Wenn sie im Altersheim lebt, dann gehen Sie dahin. Wenn sie schon gestorben ist, dann eben dorthin, wo sich nach Ihrem Empfinden die Toten aufhalten. Wenn das für Sie keinen Sinn macht, können Sie sich auch vorstellen, dass es in Ihrem Herzen einen Raum gibt, wo die Oma wohnt, und sie dort dann besuchen.

Gehen Sie nun zu Ihrer Oma. Schauen Sie, wie es ihr geht. Und spüren Sie nach, wie es Ihnen geht, wenn Sie die Oma sehen. Was haben Sie der Oma zu sagen? Oder möchte die Oma Ihnen etwas mitteilen?

Sollte es irgendwelche Vorwürfe geben, ziehen Sie

jetzt einen Schlussstrich. So, wie die Oma in Ihrer Seele steht, so wirkt sie. Also schauen Sie, dass die Oma in Frieden in Ihnen zurückbleibt und dass sie in Ihrem Herzen einen guten Platz bekommt.

Hatte die Großmutter mit ihrem Sohn, also mit Ihrem Vater, ein Problem, dann lassen Sie das Problem dort und sagen Sie: „Was ihr zwei miteinander hattet, geht mich nichts an."

Sollten Sie immer noch an Ihrer Großmutter hängen, dann sagen Sie ihr: „Oma, ich lasse dich jetzt los". Prüfen Sie einfach, was zu tun ist. Am Schluss sollte die Großmutter gut in Ihnen zurückbleiben.

Sie können sich auch vorstellen, dass die Oma Ihnen etwas auf Ihren Lebensweg mitgibt. Nichts Materielles, sondern Dinge wie Mut, Leichtigkeit, Erfolg, Harmonie, oder was immer Ihnen einfällt. Wenn jeder Ihrer Großeltern Ihnen etwas mitgibt auf Ihrem Lebensweg, dann sind Sie am Schluss reich beschenkt.

Beim nächsten Mal machen Sie die Reise zu Ihrem Großvater, und auch da schauen Sie, was es zu sagen gibt, damit er einen guten Platz in Ihnen bekommt, wenn er ihn nicht schon hat.

Wenn Sie sich vorstellen, Sie sind selbst einmal Großmutter oder -vater, und Ihr Enkelkind kommt zu Ihnen und verhält sich so, wie geht es Ihnen dann damit?

Mit diesen Seelenreisen können wir ein Stück Heilung in unsere Seele bringen. Sollten Sie schon immer ein gutes Verhältnis zu Ihren Großeltern gehabt haben, dann sind Sie zu beglückwünschen, und dann ist diese Seelenreise für andere Menschen gedacht.

☆☆☆☆☆

Kapitel 5
Freiheit/Selbstständigkeit

Freiheit von der Vergangenheit

Früher habe ich Mentaltraining gemacht wie *Positives Denken*, die Vorstellung, man sei sein *Eigener Schöpfer* usw.. Das ist zwar wunderschön, doch wenn ich noch an die Vergangenheit, zum Beispiel an einen früheren Partner, an die Eltern oder Großeltern gebunden bin, funktioniert das nicht richtig, weil man, wenn man noch mit jemandem identifiziert ist, auch innerlich immer woanders hinschaut. Wenn mir ein Klient gegenübersitzt und mit mir spricht und dabei immer an mir vorbei oder zur Seite schaut, ist das meistens ein Zeichen dafür, dass er nicht richtig im Leben steht.

Solange man den Platz von jemand anderem aus dem Familiensystem eingenommen hat, kann man sein eigenes Leben nicht richtig leben. Wenn es beispielsweise eine „böse" Tante gab, die man in eine Nervenheilanstalt gebracht und nicht mehr geachtet hat, kann vielleicht ein später Geborener, wie zum Beispiel eine Nichte, diese Tante vertreten, indem auch diese Nichte psychisch krank wird. Sie möchte den Familienclan an diese ausgestoßene Tante erinnern. Darum nimmt sie ihren Platz ein und übernimmt ihr Schicksal, meistens unbewusst. Wenn die Nichte ihrer Tante ihr Schicksal zurückgibt und sie achtet, ist sie frei und kann anfangen, ihr eigenes Leben zu leben.

In einer entsprechenden Übung können wir uns vorstellen, dass wir innerlich alle Menschen, die zu unserer Familie gehören, einladen. Dazu gehören die Geschwister, die Eltern, die Geschwister der Eltern, die Großeltern. Auch diejenigen, die schon tot sind und die wir nie kennen gelernt haben. Dann schauen wir alle an, verneigen uns vor ihnen und danken ihnen für die Kraft, die wir von ihnen bekommen. Wenn alle einen guten Platz in unserer Seele bekommen haben, sind wir frei. Und wenn wir frei sind und alles in Liebe gelöst ist, sind wir in unserer vollen Kraft. Nun können wir im wahrsten Sinne des Wortes viel erreichen. Das Leben wird immer leichter und schöner. Wir können es nach unseren Wünschen gestalten und genießen, weil uns keine unbewussten Kräfte mehr binden.

Dazu ist es sehr wichtig, Gedankendisziplin zu betreiben und sich zu fragen: „Wie sind meine Gedanken? Denke ich überwiegend negativ oder positiv?“ Negative Gedanken vergiften unsere Seele, denn jeder Gedanke hat eine Wirkung:

Negative Gedanken - negative Wirkung
Positive Gedanken - positive Wirkung

Wir sind also die Schöpfer unserer Zukunft. Wir säen – und je nachdem, was wir denken, wird die Ernte sein. Wenn man manchen Menschen zuhört, braucht man sich nicht zu wundern, dass sie krank sind.

Also, säen Sie, was Sie ernten möchten!

Und überprüfen Sie Ihre Standardsätze. Hören Sie sich Sätze sagen, wie:

- Das schaffe ich nie.
- Das ist mir alles zuviel.
- Da bekommt man ja die Krise.
- Da wird man ja verrückt?

Dann wundern Sie sich bitte nicht!, denn diese Sätze werden früher oder später wirken. Keiner von uns kommt an der Ernte vorbei, und die kann auch geballt als Schicksalsschlag eintreffen. Deshalb sollten wir stets wiederkehrende Gedankenmuster auflösen, indem wir zum Beispiel umdenken und jeweils die positive Formulierung wählen: „Das schaffe ich," usw..

Nachdem man nun seine Gedanken geprüft hat, geht es weiter: „Was rede ich den ganzen Tag?" Viele Leute haben es sich zur Gewohnheit gemacht, über das Wetter zu schimpfen. Ist es heiß, wird geschimpft. Regnet es, wird auch geschimpft. Das passiert wohl schon aus Gewohnheit. Aber was ist denn „gutes" Wetter?

Es ist doch wirklich nur unsere eigene Betrachtungsweise, und die können wir ändern, indem wir zum Beispiel sagen:

- Ich freue mich heute, auch wenn es regnet.
- Ich freue mich heute, wenn die Sonne scheint.

- Ich freue mich über diesen Tag, sehe ihn als Geschenk an und genieße ihn.

Das ist eine Sichtweise, die man, ganz einfach, mit etwas Disziplin ändern kann. Das Wetter ist nicht schlecht, sondern *wir* machen es schlecht.

Nehmen wir die Dinge, wie sie sind, dann wird das Leben viel angenehmer und schöner, denn ob ich über das schlechte Wetter schimpfe oder es akzeptiere, es bleibt, wie es ist!

Reden Sie bewusst! Ich habe einmal gelesen, man solle Worte als Geschenk benutzen. Wenn sie kein Geschenk wären, sollte man den Mund halten. Aber das gelingt wohl den wenigsten Menschen.

Doch wir können an uns arbeiten. Wir können uns, bevor wir beispielsweise etwas über einen anderen Menschen sagen, fragen: „ Warum erzähle ich das? Welchen Sinn hat es? Dient es jemandem?" Oft werden dabei die eigenen Unzulänglichkeiten auf andere projiziert. Wer zum Beispiel andere ständig klein macht, dem fehlt es selbst an Größe, sonst würde er es nicht tun.

Wenn wir ein Leben voller Freude wünschen, dann sollten wir freudvolle Gedanken denken, und wenn wir uns Reichtum wünschen, dann müssen wir im Geiste reich werden.

Gedankenkarussell

Wenn man an einem Problem hängen bleibt, kommt man sich so vor wie in einem Hamsterrad. Alles dreht sich nur um das Problem, und man kommt gar nicht auf die Idee, aus diesem Kreis herauszutreten. Ständig grübelt man darüber nach. Mit jedem, den man trifft, redet man darüber. Aber, wie wir inzwischen wissen, stärkt jede Problembeschreibung das Problem.

Vor Jahren habe ich in einer Arztpraxis gearbeitet. Da kam jede Woche eine ältere Frau zur Behandlung, und sie erzählte mir jedes Mal aufs Neue, wie schlecht das Wetter heute wieder wäre, wie schlecht sie geschlafen und wie ihr Sohn sie schlecht behandelt hätte. In der ersten Woche versuchte ich ihr zu erklären, dass das Wetter doch schön wäre, es ihr Sohn bestimmt nicht so gemeint hätte, usw.

Ich wollte sie immer positiv stimmen. Doch die Geschichte wiederholte sich jede Woche. Ich dachte, sie wäre schwer von Begriff. Doch irgendwann merkte ich: *Ich* war schwer von Begriff. Sie wollte gar nicht hören, was ich sagte. Sie wollte jammern!

Das war eine sehr wichtige Erfahrung für mich!

☆☆☆

„Leiden ist leichter als lösen“

Manche Menschen wollen leiden, und manche krank sein, denn bei vielen erfüllt die Krankheit einen Zweck. Bert Hellinger hat gesagt: „Leiden ist leichter als lösen.“ Das leuchtete mir anfangs nicht ein. Ich dachte: „Wer leidet schon gerne?“ Doch der Satz bestätigt sich immer wieder.

Wenn ich Klienten frage: „Wozu dient denn Ihre Krankheit?“ habe ich früher mit einer Antwort wie: „Wozu soll sie schon dienen?“ gerechnet. Doch das Gegenteil war der Fall. Die Antwort lautete etwa: „Jetzt kümmert sich wenigstens einer um mich.“ Oder: „Mein Mann behandelt mich jetzt besser.“ Viele geben eine ganz klare Antwort.

Das ausgefallenste Beispiel, das ich gehört hatte, war die Geschichte einer 52-jährigen Frau mit Gebärmutterkrebs. Auch sie fragte ich: „Wozu dient Ihnen denn die Krankheit?“ Ohne zu überlegen sagte sie: „ Jetzt brauche ich wenigstens nicht mehr mit meinem Mann ins Bett. Das war mir immer ein Gräuel.“ Manchmal zahlt man einen hohen Preis. Sie hätte sich auch von ihrem Mann trennen können.

☆☆☆

Lösungsorientiert denken

Die Lösung für ein Problem kann auf unterschiedliche Weise gefunden werden. Manchmal ist es nur die Sichtweise, die man ändern muss. Wenn ich in meiner Praxis jemanden frage: „Wie hätten Sie es denn gerne?“, bekomme ich meistens zur Antwort: „Na, so nicht! So ist es nicht richtig.“ Im Bewusstsein vieler Menschen ist das, was und wie sie es *nicht* wollen, anstatt *was* und *wie* sie es gerne hätten.

Wir müssen also den Blick darauf richten, *wie* wir es wollen. Wenn der Blick für die Lösung total versperrt ist, können Sie Ihr Unterbewusstsein um Hilfe bitten, und es wird sich die richtige Lösung zeigen. Sei es durch eine Botschaft im „Außen“, durch einen Traum, in einer Meditation oder etwas anderes. Jedenfalls wird Ihnen auf einmal klar, was zu tun ist. Zahllos sind die Möglichkeiten, wie die Antwort in Ihr Leben treten kann. Öffnen Sie sich dafür!

Dazu gibt es eine kleine Übung: Malen Sie ein Bild von Ihrem Problem in allen Einzelheiten. Lassen Sie sich ruhig Zeit dafür und malen Sie es in den schönsten Farben aus.

Danach malen Sie ein neues Bild: Die Lösung: Wie sieht das Bild aus, wenn Sie kein Problem mehr haben?

Es ist wichtig, dass Sie es auf Papier malen, denn so richten Sie wenigstens den Blick auf das, was Sie möch-

ten. Indem Sie die Lösung malen, muss sie ganz konkret in Ihrem Kopf vorhanden sein.

Sie können auch Jahresziele aufschreiben: „Was will ich bis Ende des Jahres erreicht haben?" Es geht darum, den Blick vom Problem abzuwenden. Indem Sie etwas malen oder aufschreiben, wird es viel klarer und kommt mit mehr Energie zum Ausdruck.

Danach schreiben Sie auf, welche Schritte Sie unternehmen und welche Vorbereitungen getroffen werden müssen, damit die Lösung eintreten kann. Schreiben Sie alles auf. Machen Sie eine Liste!

Ein Beispiel: Sie fühlen sich in Ihrer Wohnung nicht mehr wohl. Malen Sie ein Bild, wie Ihre neue Wohnung aussehen soll. Dann schreiben Sie auf, was Sie unternehmen müssen, um diese neue Wohnung zu bekommen, zum Beispiel:

- *Zeitungsinserat aufgeben*
- *Makler anrufen*
- *Die alte Wohnung schon anfangen zu entrümpeln*
- *Alte Wohnung kündigen usw.*

Die Liste kann ruhig lang sein, und Sie können immer wieder etwas dazuschreiben. Sie werden sehen, es macht richtig Spaß. Handeln Sie! Nur so geht es. Reagieren Sie ja nicht mit dem negativen Satz: „Ich finde bestimmt nicht die Wohnung, die ich mir wünsche."

Denken Sie daran: Positive Gedanken = positive Wirkung!

Achten Sie darauf, dass Sie nicht auf Mangel programmiert sind, sondern auf inneren Wohlstand, dann werden Sie bald erkennen, dass Ihr Leben immer schöner wird.

☆☆☆☆☆

Kapitel 6
Partnerschaft im Alltag

Eine gesunde und harmonische Partnerschaft leben

Viele meiner Klienten kommen aufgrund von Partnerschaftsproblemen zu mir, weshalb ich diesem Thema noch ein separates Kapitel widme, da es für jeden von uns sehr wichtig ist, in einer gesunden Partnerschaft zu leben.

Ich glaube, die meisten Beziehungen funktionieren deshalb nicht, weil beide Partner überhaupt nicht frei füreinander sind, so wie ich es am Anfang des Buches beschrieben habe. Erst wenn wir unsere Vergangenheit aufgearbeitet haben, sind wir in der Lage, uns voll auf die Beziehung im Jetzt einzulassen.

Ein weiterer, wesentlicher Punkt ist es, den Partner zu achten und zu respektieren, so wie er ist. Geschieht das nicht, ist eine dauerhafte, harmonische Beziehung ebenfalls nicht möglich.

Als nächstes sollten wir uns fragen, ob wir auch uns selbst achten und lieben. Denn ist das nicht der Fall, können wir auch den Partner nicht achten und lieben. Wir müssen also immer bei uns selbst anfangen.

Geben Sie sich selbst Wertschätzung! Seien Sie sich selbst wichtig und behandeln Sie sich als etwas Besonderes! Tun Sie sich täglich etwas Gutes! Kaufen Sie sich selbst einmal Blumen! Decken Sie für sich selbst schön den Tisch und genießen Sie das Essen! Schenken Sie sich Lebensqualität! Je mehr Sie sich selbst achten, desto mehr können Sie Ihren Partner achten. Machen Sie sich selbst zum idealen Partner. So kann man anfangen, eine harmonische Partnerschaft zu leben.

☆☆☆

Streiten

Streit in einer Partnerschaft dient oft dazu, sich eine gewisse Distanz zu schaffen, danach kann man sich wieder mehr aufeinander einlassen.

Dieses Muster „Nähe und Distanz" spiegelt sich in vielen Partnerschaften wider. Also, bevor Sie ständig einen Streit provozieren, schaffen Sie sich im positiven Sinne eine gesunde Distanz.

Geben Sie Ihrem Partner und sich den Freiraum, den sie beide brauchen. Dann können Sie wieder viel besser Nähe zulassen. Wenn Sie dann einmal streiten, bewahren Sie sich eine gewisse Streitkultur, indem Sie sachlich bleiben, keine Vorwürfe machen und bei sich bleiben. Sagen Sie Ihrem Partner, wie es Ihnen geht, wie Ihre Gefühle zu diesem Problem sind.

Gegenseitige Vorwürfe helfen gar nichts, denn so kommt man auf keinen gemeinsamen Nenner, zumindest nicht im positiven Sinn, weil der andere bei einem Vorwurf sofort auf Distanz geht.

☆☆☆

Recht haben und im Recht sein

Wenn sich jeder im Recht fühlt und auf seinem Standpunkt beharrt, ist es schwierig, eine für beide Seiten akzeptable Lösung zu finden. Lange Diskussionen dienen oft dazu, den anderen von etwas überzeugen zu wollen, und das endet meistens im Streit.

Dazu sollte man beachten: Der Standpunkt des Partners hat den gleichen Stellenwert wie der eigene. Sein Standpunkt ist nicht besser oder schlechter, nur anders. Das ist seine Meinung, und das ist meine, und ich kann sie so stehen lassen. Aus dieser Haltung erwächst dann meistens etwas Konstruktives, das für beide stimmig ist.

Dieses Beharren auf der eigenen Meinung und dieses „Sich-im-Recht-Fühlen“ gefährdet die Beziehung enorm. Irgendwann hat man dann zwar Recht, aber keinen Partner mehr. Wenn man den anderen achtet, kann man auch seine Meinung achten. Ich kann ja trotzdem anderer Meinung sein.

☆☆☆

Erwartungshaltungen

Viele Menschen leben in der Beziehung in einer ständigen Erwartungshaltung, die der Partner meistens nicht erfüllen kann. Oft weiß man nicht einmal, was der Partner erwartet. Viele Frauen glauben, der Mann müsse wissen, was sie sich wünschen. Doch die meisten haben es schon gemerkt: Er weiß es nicht! Man muss es ihm sagen, und zwar ganz konkret!

Sagen Sie ihm klar und deutlich, was Sie von ihm wollen. Wenn Sie ihm zum Beispiel sagen: „Komm doch heute etwas früher heim“, weiß er nicht genau, was früher heißt. Er denkt vielleicht: „Dann komme ich eine halbe Stunde früher heim.“ Sie gehen jedoch von zwei Stunden aus, und schon warten Sie und sind enttäuscht und verärgert. Sagen Sie ihm ganz konkret: Bitte, komm heute zwei Stunden früher heim. Bitten Sie ihn darum, Sie werden sehen, er wird es Ihnen erfüllen. Es gibt dann viel weniger Ärger, denn oft beruht Streit nur auf einem Missverständnis.

☆☆☆

Umerziehen

Viele Menschen meinen: „Meinen Partner biege ich mir schon noch zurecht!“ Das ist zum Scheitern verurteilt. Viele wollen ihren Partner erziehen, doch er ist schon erzogen.

Mit dieser Haltung geht man in ein Eltern/Kind-Verhältnis, mit dem dann keiner wirklich glücklich ist. Der Mann möchte eine Frau und keine Mutter, und die Frau möchte einen Mann und keinen Vater bzw. keine Mutter. Es würde ja heißen, dass der andere so nicht richtig ist, wie er ist. Dann muss man sich fragen: „Warum ist man dann mit ihm zusammen?“

Der Partner kommt aus einer anderen Familie und hat eine andere Erziehung genossen. Das unterscheidet alle Menschen. Jeder hat ein anderes Wertesystem und ein anderes Verhaltenssystem, das er aus seiner Familie übernimmt. Jeder meint, das Seine sei das Richtige, doch es ist nicht besser oder schlechter - nur anders.

Beginnt man, den anderen so zu respektieren, wie er ist, fallen sehr viele Disharmonien weg. Damit wären wir wieder beim Grundsatz: Wenn ich den anderen achte und wertschätze, verläuft die Beziehung viel harmonischer. Dann erst fließt die Liebe, vorher nicht.

Eifersucht

Eifersucht scheint in der Partnerschaft ein großes Thema zu sein. Der Eifersüchtige zweifelt an sich selbst und am Partner. Er fühlt sich nicht mehr attraktiv und infolgedessen unterlegen. Sein Selbstwertgefühl ist meist auf dem Tiefpunkt.

Das ist *eine* Form der Eifersucht. Die andere ist die „projizierte Eifersucht", das heißt, die eigenen Untreuephantasien werden auf den Partner projiziert. Das, was man selbst gerne tun würde, unterstellt man dem anderen. Man hat die ausgefallensten Vorstellungen davon, was der Partner/die Partnerin mit einem anderen im Bett alles anstellen könnte. Vor dem geistigen Auge läuft quasi ein Liebesfilm ab. Manchmal ist die Eifersucht wirklich unbegründet und der Partner ist treu. Also, gehen Sie bitte in sich und schauen Sie, was *Sie* nicht leben und vielleicht gerne täten. Ich glaube, Sinn der Eifersucht ist es, an sich selbst zu arbeiten und sich zu fragen: Stimmt die Beziehung eigentlich noch?

Eifersucht hat nichts mit Liebe zu tun. Sie ist eine verhinderte Liebe. Man hat Angst, verlassen zu werden und seine Selbstachtung zu verlieren. Gibt es einen Rivalen oder eine Rivalin, dann messen Sie sich nicht an diesem Menschen. Arbeiten Sie an sich und entwickeln Sie die Anlagen bei sich selbst, auf die Sie bei anderen eifersüchtig sind.

Bauen Sie Ihr Selbstbewusstsein auf! Fangen Sie an, Ihr Leben selbst in die Hand zu nehmen! Machen Sie sich nicht zu sehr abhängig von Ihrem Partner! Schaffen Sie Distanz zu ihm! Hören Sie auf, Ihre ganze Energie in die Beziehung zu investieren!

Machen Sie den Partner nicht zum Mittelpunkt des Universums. Übernehmen Sie Verantwortung für Ihre eigenen Wünsche. Fangen Sie etwas Eigenes an: Treten Sie in einen Verein ein, oder beginnen Sie eine Sportart. Gehen Sie mit Freunden aus oder ins Theater. Machen Sie etwas Eigenständiges. Bauen Sie Ihre Selbständigkeit auf. Das ist das beste Mittel, Eifersucht loszuwerden. Verstärken Sie Ihre Anziehungskraft. Und dann werden auch Sie für Ihren Partner wieder interessanter.

Machen Sie sich auch klar, dass Ihr Partner nicht Ihr Besitz ist. Er gehört Ihnen nicht. Sagen Sie sich:

„Wenn mein Partner zu mir gehört, bleibt er auch bei mir, - und wenn nicht, dann kann ich ihn nicht halten."
(Aus dem Zen-Buddhismus)

Noch einmal die wichtigsten Punkte, um Eifersucht abzubauen:

- Gesunde Distanz schaffen, aber auch Nähe zulassen;
- Individualität außerhalb der Beziehung wieder aufbauen;
- Eigenständigkeit fördern;
- Selbstachtung und Selbstbewusstsein verstärken;
- Den Partner nicht zum Mittelpunkt des Universums machen.

Prüfen Sie sich auch: Möchten Sie wirklich bei diesem Partner bleiben? Manchmal dient Eifersucht auch unbewusst dafür, den anderen loszuwerden. Beim Familienstellen habe ich häufig gesehen, dass es der Eifersüchtige ist, der eigentlich gehen will. Also sollten Sie das zumindest einmal überprüfen.

☆☆☆

Stabilität

Ich möchte noch einige Beziehungsstabilisatoren nennen, die Ihnen helfen können, eine dauerhafte und glückliche Partnerschaft zu führen.

- Dazu gehört in erster Linie, dass jeder sich von seinem Elternhaus gelöst hat und eigenständig ist.
- Bewahren Sie sich lange Zeit die Verliebtheit. Sie wird im Laufe der Zeit immer mehr in Vergessenheit geraten, doch erinnern Sie sich immer wieder daran. Richten Sie den Fokus darauf, das wird Ihre Beziehung stärken.
- Blicken Sie mehr auf das Positive in Ihrer Partnerschaft, dann wird sich das Positive verstärken, denn wenn Sie mehr auf das Negative blicken, verstärkt dieses sich. Kehren Sie mehr die guten Seiten bei Ihrem Partner hervor.
- Wenn das Positive in der Beziehung nicht verstärkt wird, wird sie von alleine schlecht.
- Einer Beziehung muss man Nahrung geben, damit sie wachsen kann.
- Geben Sie sich und Ihrem Partner den Freiraum, den jeder braucht. Seien Sie eigenständig. Wenn Sie abhängig sind von Ihrem Partner, werden Sie wütend auf ihn. Eigenständigkeit macht die Beziehung lebendiger und schafft Attraktivität.

- Achten Sie darauf, dass Geben und Nehmen im Einklang sind, dass zum Beispiel einer nicht nur gibt und der andere nur nimmt, sondern es muss ausgeglichen sein. Eine Partnerschaft wird positiv gestärkt, wenn jeder immer etwas mehr Gutes gibt.
- Ein weiterer wichtiger Punkt ist, sich in den anderen einfühlen zu können, sich zu fragen, wie es ihm geht, und nicht immer nur sich selbst zu sehen.

Was macht eine Partnerschaft stabil? Gemeinsame Pläne, gemeinsame Interessen, Kinder, Reisen, soziales Engagement und vieles mehr. Gemeinsam auf etwas zu schauen, das verbindet.

☆☆☆☆☆

Kapitel 7
Verschiedene Krankheitsbilder

Bei den Krankheitsbildern auf den folgenden Seiten gehe ich von der seelischen Ursache aus. Es gilt allerdings immer zuerst abzuklären, ob organisch alles in Ordnung ist. Also konsultieren Sie bitte immer zuerst einen Arzt. Wenn dieser nichts findet, kann man psychotherapeutisch arbeiten. Ich schreibe über die Krankheitsbilder, die sich am häufigsten in meiner Praxis zeigen.

Depressionen

(lat. *deprimere* = herunter-, niederdrücken)

Die typischsten Zeichen einer Depression sind:

Antriebsstörungen, traurige Stimmung, Schlafstörungen, Müdigkeit, Appetitstörung, Hoffnungslosigkeit, Konzentrationsstörungen, Selbstmordgedanken, Kopfschmerzen, Magen-Darmbeschwerden, Rückenschmerzen, Herzbeschwerden, Atembeschwerden,.

Man unterscheidet unterschiedliche Arten von Depressionen:

Wenn körperliche Ursachen im Vordergrund stehen, denkt man oft nicht an eine Depression. Dieser Zustand nennt sich dann *maskierte (larvierte), somatisierte Depres-*

sion. Also kann sich hinter körperlichen Beschwerden durchaus eine Depression verstecken.

Die *endogene Depression* zeigt sich meist in Phasen und kann aus heiterem Himmel auftreten. Sie ist eine besonders schwere, genetisch bedingte Form, kann also von den Eltern oder Großeltern vererbt worden sein.

Die *reaktive Depression* wird durch ein aktuelles Ereignis ausgelöst, zum Beispiel durch den plötzlichen Arbeitsplatzverlust, durch eine Trennung oder durch einen Todesfall. Wenn also jemand eine reaktive Depression hat und das aktuelle Ereignis verarbeitet ist, kann die Depression wieder verschwinden.

Eine *neurotische Depression* ist dadurch gekennzeichnet, dass durch bestimmte Ereignisse ein ungelöster Konflikt aus der Kindheit aktualisiert wird. Ähnliche Situationen lösen immer wieder eine Depression aus, die an Stärke und Dauer weit über das übliche Maß hinausgeht.

Das sind die bekanntesten Depressionen. Es gibt noch weitere Formen, aber es würde zu weit führen, sie hier jetzt alle aufzuzählen.

Im Folgenden beschreibe ich Menschen, die über Jahre hinweg an einer Depression leiden.

Ihnen fehlt es an Lebenskraft. Sie sind oft nicht in der Lage, einfachen Arbeiten nachzugehen und würden am liebsten den ganzen Tag im Bett liegen oder herumsitzen und grübeln. Sie leiden und fühlen sich als Opfer. Meist sind andere schuld an der eigenen Befindlichkeit, wie sie meinen, und ihr Selbstwertgefühl ist auf dem Tiefpunkt.

Nach meiner Kenntnis ist es sinnvoll, eine Zeit lang stimmungsaufhellende, antriebssteigernde oder auch beruhigende Mittel einzunehmen. Doch jahrelang Medikamente einzunehmen, wäre nicht wirklich die Lösung des Problems. Also sollten wir schauen, wo die seelische Ursache dieser Krankheit zu suchen ist.

Bisher habe ich bei Depressionen gute Erfolge mit Seelenarbeit gehabt, da die Ursache oft ein Elternproblem ist. Ein Elternteil, (oder im schlimmsten Fall beide Eltern), ist in der eigenen Seele ausgegrenzt, das heißt: diese Kraft fehlt. Die Seele denkt zwar nicht in Zahlen, aber nehmen wir einmal an, von meiner Mutter bekomme ich 50 % Lebenskraft und von meinem Vater ebenfalls 50 %; also stehen mir 100 % Lebenskraft zur Verfügung. Wenn ich jetzt diese Kraft nicht nehme, sagen wir mal von einem Elternteil, dann fehlen mir 50 % Kraft. Wenn zum Beispiel der Vater ausgegrenzt wird, fehlt mir die männliche Kraft - die Handlungskraft. Dann hätte ich schon die Ursache für eine Depression geschaffen.

Fehlt von beiden Eltern die Kraft, dann steht man auf ganz wackligen Beinen. Wenn also jemand sein halbes Leben an Depressionen leidet, gilt es, das Familiensystem anzuschauen und sich die Kraft zu holen, die einem fehlt.

Viele hängen auch an einem Toten fest. Dann fehlt natürlich auch Lebenskraft. Darum haben auch viele Depressive Selbstmordabsichten. Sie haben schon mit dem Leben abgeschlossen, weshalb man sich ihr Leben genauer ansehen muss.

Manchmal kann es auch ein totes Kind sein oder ein Geschwister, dem man nachfolgen möchte. Darauf wurde schon in vorherigen Kapiteln hingewiesen.

Wenn alle aus dem Familiensystem einen guten Platz im Herzen haben, fehlt keine Lebenskraft mehr. Menschen, auf die das zutrifft, haben, ganz im Gegenteil, sehr viel Energie. Wenn wir also dieses Thema geklärt haben, können wir anfangen, das Leben als Schöpfer selbst in die Hand zu nehmen und aus der Opferrolle herauszutreten.

Wir sollten aufhören, den anderen für die eigenen Probleme die Schuld zu geben. Von jetzt ab kann man selbst über sein Leben bestimmen. Also: Leben Sie Ihr Leben, so wie es für Sie stimmt. Fangen Sie an, aktiv zu werden. Mit der Handlung kommt die Kraft; Opferhaltung kostet Kraft. Gehen Sie viel an die frische Luft und in die Sonne und richten Sie den Blick nach vorne. Genießen Sie jeden Tag, als wäre es Ihr letzter!

Angststörungen/Panikstörungen

(lat. *angustus* = eng)

Bei Angstzuständen schnürt sich einem die Kehle zusammen. Die Atmung kann nicht mehr frei fließen. Das Herz fängt an zu rasen. Man zittert und schwitzt, es wird einem schwindlig, und man hat sich kaum mehr unter Kontrolle.

Ob es sich um Angst vor dem Fliegen handelt, Angst, das Leben nicht zu meistern, oder Angst vor dem Tod, - die Symptome sind meistens die gleichen.

Es gibt die generalisierte Angststörung, das heißt, die Angst wird auf viele verschiedene Objekte übertragen, und es kommt immer wieder zu Situationen, die Angst auslösen, aber häufig wechseln können.

Dann gibt es verschiedene Phobien: Die Agoraphobie (Angst vor Plätzen und Menschenmengen), die Klaustrophobie (Angst vor engen Räumen), die soziale Phobie (Angst, sich in der Öffentlichkeit bloßzustellen), Zoophobie (Angst vor Tieren), und andere.

Eine Panikstörung kann ohne ersichtlichen Grund auftreten; sie überfällt einen aus heiterem Himmel. Die Ursachen dafür sind sehr unterschiedlich.

Angst und Depression können auch gemeinsam auftreten oder zu einem Krankheitsbild gehören. Wenn also ärztlich abgeklärt ist, dass keine organischen Ursachen vorhanden sind, kann man auf psychotherapeutische Maßnahmen zurückgreifen.

Bei den Phobien hat die *Verhaltenstherapie* große Erfolge. Dabei wird der Klient im Zustand der Entspannung schrittweise mit dem Angst auslösenden Objekt konfrontiert. Die Konfrontation erfolgt zunächst in der Vorstellung, später dann auch in der Realität. Nach einiger Zeit tritt meist eine deutliche Angstreduktion auf.

Da ich auch *Autogenes Training* anbiete, habe ich gesehen, dass Entspannung das Erleben von Angst oft ausschließt. Man kann also durch Entspannungstraining lernen, seinen Körper besser zu beherrschen.

Eine andere Therapieform wäre, *tiefenpsychologisch* und *aufdeckend* zu arbeiten. Der Konflikt wird klar herausgearbeitet. Es kann ein Trennungskonflikt, ein Schlüsselerlebnis aus der Kindheit oder ein Geburtstrauma dahinterstecken. Durch Wiedererleben kann sich die Ursache auflösen, was jedoch meist ein längerer Prozess ist.

Bei den *Familienaufstellungen*, die ich ebenfalls anbiete, habe ich festgestellt, dass Angst zuweilen eine übernommene Angst sein kann, die nicht zu einem selbst gehört: Das heißt, hinter der Angst steht eine Person. Oft ist es jemand, der ein schlimmes Schicksal hatte. Dieses Schicksal macht Angst, aber das ist einem nicht bewusst.

Dann hat man beispielsweise Angst vor Spinnen oder anderen Dingen.

Ein Fallbeispiel aus meiner Praxis:

Ich hatte einen Mann mittleren Alters mit Angst und Panikstörungen, der an mich vom Arzt überwiesen wurde, nachdem keine organischen Ursachen gefunden worden waren.

Ich ließ ihn seine Angst schildern. Er sagte:

„Seit einem halben Jahr bekomme ich Angst- und Panikzustände; es schnürt mir den Hals zu und mein Herz beginnt zu rasen. Ich habe totale Todesangst; meine Halsschlagadern schwellen an, und ich habe das Gefühl, dass es mir den Kopf wegschlägt. Ich muss mit aller Gewalt versuchen, meinen Kopf zu halten". So, wie er es schilderte, bekam ich das spontane Bild von Erhängen.

Ich fragte: „Wer hat sich erhängt im Familiensystem?" Er sagte, ohne zu überlegen: „Mein Großvater." Er war sichtlich schockiert über meine Frage und seine eigene spontane Antwort.

Als er sich wieder gefangen hatte, erzählte er: „Mein Opa war meine Bezugsperson; ich wuchs bei den Großeltern auf und war neun Jahre alt, als es passierte. Ich habe so gut wie nie mehr daran gedacht. Ich durfte damals nicht mal mit zur Beerdigung. Über den Opa und über seinen Selbstmord wurde so gut wie nicht mehr gesprochen."

Es war also ein Ereignis, das er völlig verdrängt und natürlich nicht verarbeitet hatte, - wie sollte er auch mit neun Jahren! Ich bin dann mit ihm in die Zeit zurückgegangen. Er weinte bitterlich und begann erst jetzt, um seinen geliebten Großvater zu trauern. Dann verabschiedete er sich von seinem Großvater mit den Lösungssätzen: „Lieber Opa, was zu dir gehört, lasse ich bei dir; du hast in meinem Herzen einen guten Platz als mein Opa. Schau freundlich auf mich als deinen Enkelsohn."

Seine Angst- und Panikzustände machten ihm einen nicht gelösten Kindheitskonflikt bewusst. Ich riet ihm, er solle diese lösenden Sätze eine Zeit lang weiter zu seinem Großvater sagen. Innerhalb eines Monats waren die Angst- und Panikattacken verschwunden. Später sagte er zu mir: „Ich wäre nie darauf gekommen, dass das mit meinem Opa zusammenhing."

Wenn man die Ursache für sein Problem findet, kann ein Konflikt manchmal sehr schnell gelöst werden. Da man die eigenen Schattenanteile selbst meist nicht sieht, sucht man oft nach allen möglichen Ursachen für seine Probleme, nur meistens nicht an den richtigen Stellen.

Da empfinde ich die Seelenarbeit von Bert Hellinger als eine große Bereicherung für die Therapie, da sie Probleme auf einer tiefen Ebene löst, in die man mit anderen Therapieformen oft nicht einsteigen kann.

Ess-Störungen/Magersucht/Bulimie/Fress-Sucht

Wenn Ess-Störungen keine Folge organischer Ursachen sind, handelt es sich um ein psychisches Problem.

Bei all diesen Störungen zeigt sich eine intensive Angst vor dem Dickwerden, die zu gestörtem Essverhalten und einer verfälschten Körperwahrnehmung führt.

Die Häufigkeit von Ess-Störungen hat in den letzten Jahren zugenommen, wobei überwiegend Frauen davon betroffen sind, was zum Teil auch mit dem in der Gesellschaft bevorzugten Schönheitsideal zusammenhängt.

Die Magersucht *Anorexia nervosa* heißt übersetzt: Appetitverlust. *Nervosa* soll ausdrücken, dass dieser Ess-Störung meistens eine seelische Ursache zu Grunde liegt.

Es tritt ein übertriebenes Hungern aus Angst vor Gewichtszunahme auf, wodurch ein extremer, selbst herbeigeführter Gewichtsverlust zustande kommt, der sogar lebensbedrohlich werden kann. Die Kranke hat kein Gefühl mehr für ihren Körper und erkennt meist nicht, wie dünn sie eigentlich ist. Der ganze Hormonhaushalt wird gestört; oft bleibt sogar die Regel aus.

Die *Bulimia nervosa* (Ess-Brech-Sucht) zeigt sich in einem Ess-Brech-Verhalten. Die Betroffenen haben große Heißhungerattacken mit anschließendem Erbrechen. Meist stehen sie unter einem starken Leidensdruck. Auch sie streben ein "Idealgewicht" an. Fast immer sind, wie bei Magersüchtigen, junge Frauen betroffen, im Alter von 12 - 30 Jahren. Manche leiden auch unter Verstopfung, weshalb sie vermehrt Abführmittel einnehmen. Oft geht diese Symptomatik auch mit depressiven Phasen einher.

Bei der *Adipositas* („Fettsucht") können oft auch organische Ursachen dahinterstehen, wie zum Beispiel Schilddrüsen- oder Hormonstörungen.

Bei einer nachgewiesenen psychogenen Ursache ist eine psychotherapeutische Behandlung angebracht. Da zeigen sich die Verhaltenstherapie, eine Ernährungsberatung und Seelenarbeit erfolgreich.

Psychische Ursachen für Ess-Störungen können sein:

- Extrem niedriges Selbstwertgefühl;
- Nachahmen eines Schönheitsideals;
- Familiärer Leidensdruck;
- Negative Kindheitserfahrungen;
- Eltern/Kind Problematik;
- Geringes Konfliktlösungspotenzial;
- Ablehnung des Weiblichen;
- Hunger nach Liebe, Zuwendung und Geborgenheit;
- Selbstmordtendenz (kann unbewusst sein);
- Machtausübung;

Natürlich kann man mit den einzelnen Klienten sehr unterschiedlich arbeiten. Da ich Familientherapeutin bin, setze ich meistens im familiären Bereich an.

Essen steht auch für Lebenskraft; ohne Essen hat man keine Kraft, man würde sterben. Laut Bert Hellinger will beispielsweise die Magersüchtige oft am liebsten „verschwinden". Es geht also hier um das Thema Leben und Tod. Über die Seelenarbeit kann man herausfinden, worum es genau geht.

Die Bulimiekranke isst - nimmt also Lebenskraft auf - auf der anderen Seite erbricht sie wieder, d.h.: „Ich will, und ich will doch nicht." Meist steht bei der Bulimiekranken ein Elternkonflikt dahinter: Einen Elternteil nimmt sie innerlich an, den anderen lehnt sie ab. Das zeigt sich sehr oft in der Therapie. Ein guter Lösungsansatz ist es daher, die Eltern innerlich anzunehmen und die Kindheitskonflikte zu lösen.

Bei der Fettsucht, wenn sie auf psychischer Ursache beruht, ist das Essen meistens eine orale Ersatzbefriedigung. Man ist auf der Suche nach Liebe, Zuwendung und Geborgenheit. In Kummerzeiten wird übertrieben viel gegessen, weshalb man auch von Kummerspeck spricht. Bei Trennungen, Einsamkeit und erhöhtem Leistungsdruck ist der Betroffene besonders gefährdet.

Man kann anfangen, die Kindheitskonflikte aufzuarbeiten. Mit der Seelenarbeit findet man heraus, welche seelischen Lasten der Betroffene mit sich herumschleppt und beginnt ihm dabei zu helfen, sich von diesen Lasten zu lösen. Er gibt Übernommenes dahin zurück, wohin es gehört, und wird dadurch frei. Außerdem könnte sich der Betroffene überlegen, wozu ihm das große Gewicht dient. Vielleicht möchte er in Ruhe gelassen werden oder seine eigene Wichtigkeit demonstrieren? Auch hier gibt es natürlich unterschiedliche Ursachen für das Problem.

☆☆☆

Wirbelsäule/Rückenprobleme

Die Wirbelsäule gibt dem Menschen Halt und Stütze und ermöglicht unsere aufrechte Haltung. Wenn wir auf die Haltung eines Menschen schauen, spiegelt sich seine innere Haltung wider.

Wir können also an der äußeren Haltung erkennen, wie es im Inneren eines Menschen aussieht. Der Körper kann nicht lügen. Wenn Ihnen ein Mensch mit gebückter Haltung begegnet, fehlt es ihm oft an innerer Haltung und Aufrichtigkeit.

Man kann natürlich auch die äußere Haltung antrainieren, zum Beispiel beim Militär, doch auf längere Sicht werden sich Rückenprobleme einstellen, wenn sich die innere = seelische Haltung nicht ebenfalls verändert.

Bei Rückenbeschwerden könnten Sie sich einmal folgende Fragen stellen:

- Wie sieht es um meine innere, seelische Haltung aus?
- Wie ist meine geistige Haltung?
- Bin ich ein ehrlicher und aufrichtiger Mensch?
- Was schleppe ich an Lasten mit mir herum, die ich schon längst loslassen könnte?
- Trage ich Schuldgefühle und Ängste mit mir herum?
- Warum mache ich es mir so schwer?
- Spiegeln die Rückenschmerzen einen alten, seelischen Schmerz wider?
- Stehe ich im Familiensystem am richtigen Platz?

- Vertrete ich jemanden im Familiensystem?
- Achte ich meine Eltern und Großeltern?

Laut Bert Hellinger wäre zu prüfen, vor wem ich mich verneigen müsste: Wer aus dem Familiensystem wird noch nicht geachtet. Eine Verneigung vor der betreffenden Person kann Rückenschmerzen lindern.

Mir ist in meiner Praxis aufgefallen, dass sehr viele Menschen mit Rückenproblemen ihre Vergangenheit nicht bereinigt haben. Häufig sind Wut oder Vorwürfe auf jemanden oder Schuldgefühle im System vorhanden. Fast immer ist es etwas aus der Vergangenheit, das nicht gelöst ist.

Vor einiger Zeit kam eine ältere Klientin mit seelischen Problemen, Rückenbeschwerden und Rheuma in meine Praxis, wobei sie die Rückenschmerzen bestimmt schon zwanzig Jahre hatte. Als ich sie nach ihrem Familiensystem fragte, erzählte sie mir folgende Geschichte:

„Mein Opa war Nazi, und der Vater auch. Der Vater war im Gefängnis und hat sich anschließend das Leben genommen, als ich sechs Jahre alt war. Es wurde nie darüber gesprochen, erfahren habe ich es erst im späten Erwachsenenalter. Ich habe auch das Gefühl, ich würde einen Berg an Schuld und Last mit mir herumtragen. Aber mit meiner Familie habe ich es nie in Verbindung gebracht. Ich habe das vom Opa und Vater auch nie jemandem erzählt, weil ich mich dafür geschämt habe."

In einer Familienaufstellung wurde deutlich, dass sie die Schuld übernommen hatte, und gleichzeitig ihrem Vater nachfolgte. Sie verneigte sich vor dem Großvater und dem Vater und sagte ihnen: „Was zu euch gehört, lasse ich bei euch, das hat nichts mit mir zu tun." Sie nahm ihren Opa und ihren Vater in den Arm und weinte sehr. Beiden konnte sie in ihrem Herzen einen guten Platz geben.

Ein eigenes, erfülltes und gesundes Leben konnte sie nie wirklich leben. Sie hätte es sich gar nicht gestattet, glücklich zu sein.

Unbewusst meint man, etwas ausgleichen zu müssen, doch die Frage ist, wem das dient? Sie gab Vater und Großvater das Übernommene zurück. Danach fühlte sie sich ent - lastet und richtete sich zusehends auf. Fast hatte man das Gefühl, sie sei gewachsen.

So werden die Ahnen zur Kraft! Alles andere kostet Kraft! Wenn ich mir vorstelle, dass ich den schweren Rucksack auf meinem Rücken trage, dann bedeutet das eine große Kraftanstrengung. Hinzu kommt, dass es nicht mal der eigene Rucksack ist, denn die Dinge dort drinnen gehören mir gar nicht. Wir können den Rucksack auch abstellen und in Liebe demjenigen, dem er gehört, zurückgeben.

Die Liebe entbindet und macht uns frei. Sie ist es, die unsere Seele wieder heil werden lässt. Und dann kann auch der Körper heilen.

☆☆☆

Sucht (Alkohol- und Drogensucht)

Bei vielen Süchten ist mir aufgefallen, dass die Ursachen ebenfalls im familiären Bereich liegen.

Bei einem Alkoholkranken dient der Alkohol sicher unterschiedlichen Zwecken. Er kann Flucht vor der Realität oder das Zuschütten bzw. Wegtrinken von Problemen bedeuten. Oft ist er natürlich auch ein Ersatz für Liebe. Aber etwas fehlt dem Menschen. Oder es liegt eine familiäre Verstrickung vor: Der Vater hat schon getrunken, und der Sohn trinkt auch.

Oder der Sohn lehnt den Vater ab, dafür nimmt er etwas anderes zu sich, das ihm seinen inneren Mangel ausfüllen soll. Wenn es um Süchte geht, scheint der Vater oft das Thema zu sein. Also sollte hier eine genaue Analyse erfolgen.

Ich habe in der Therapie auch schon Folgendes erlebt: Die Ehefrau kam in die Praxis, weil sie unter ihrem alkoholkranken Mann litt. Nach genauerer Ursachenforschung stellte sich heraus, dass ihr Vater, den sie innerlich ablehnte, auch schon Alkoholiker war. Nun kam dasselbe Thema wieder, nur in anderer Gestalt.

Es kann also auch ein Spiegel der eigenen verdrängten Schattenwelt sein, mit der man sich auseinanderzusetzen hat. Wenn man unter einem Problem leidet, das durch einen anderen verursacht wurde, sollte man sich also auch fragen, wo es bei einem selbst hingehört.

Wenn Alkohol oder Drogen der Flucht dienen, muss man sich fragen: „Wo flüchte ich hin, und wovor flüchte ich?“ Oftmals ist es die Flucht weg vom Leben. Aber - wohin? In den Tod?

Wenn ich das Problem mit Figuren aufstellen lasse, zeigt sich auch dort oft, dass auf der einen Seite das Leben und auf der anderen der Tod steht. Dann fordere ich den Klienten auf, sich dazuzustellen: Und er oder sie stellt sich in die Mitte, was dann so aussieht:

Leben ~ Klient ~ Tod

Das heißt, die Person steht nicht im Leben, aber tot ist sie auch nicht. Sie befindet sich seelisch in einem Zwischenzustand. Das ist natürlich ein ganz schlechter Platz. Es gilt nun herauszufinden, warum der Betreffende den Platz im Leben nicht wirklich einnehmen kann. Was zieht ihn weg? Ihm ist oft bewusst, dass er einerseits leben und andererseits sterben möchte. Doch er weiß nicht, wie er aus diesem Zustand herauskommen soll. Dann muss die tiefere Ursache gefunden werden, die sehr unterschiedlich sein kann.

Vor kurzem war eine Klientin mittleren Alters mit folgender Problematik in meiner Praxis: Sie hatte seit sechs Jahren Alkoholprobleme und litt unter schweren Depressionen.

Vor sechs Jahren starb ihre Zwillingsschwester an einer Krankheit. Danach konnte sie das Leben nicht mehr wirklich annehmen, obwohl sie einen netten Mann und Kinder hatte. Bei der folgenden Familienaufstellung stellte sie sich ganz deutlich zu ihrer verstorbenen Zwillingsschwester. Den Mann und die Kinder nahm sie gar nicht wahr. Nachdem die Stellvertreterin der Zwillingsschwester sehr darunter litt, dass die lebende Schwester ihr nachfolgen wollte, wurde meiner Klientin erst richtig bewusst, dass das nicht die Lösung war, und so sagte sie zu ihrer Zwillingsschwester: „Ich bleibe im Leben, bei meinem Mann und meinen Kindern. Schau freundlich auf uns. In meinem Herzen bist du immer da. Ich lasse dich jetzt in Liebe los."

Bei der Aufstellung wurde ihr deutlich bewusst, dass eines ihrer Kinder ihr möglicherweise folgen würde, wenn sie ihrer toten Zwillingsschwester hinterherginge. So wurde ihr klar: Ich bleibe, damit die Kinder auch bleiben können.

Nachdem sie sich von der Schwester gelöst hatte, konnte sie erstmals den Mann und die Kinder wieder richtig wahrnehmen, also nun viel besser ins Leben schauen.

Diese Klientin braucht heute keinen Alkohol mehr, und die Depressionen sind stark zurückgegangen. Solange man seelisch auf einen Toten fixiert ist, kann man nicht wirklich leben. Man funktioniert zwar, aber sprühende Lebensfreude kennt man nicht. Alkohol und Drogenprobleme sind meistens eine Flucht aus dem realen Leben. Daher ist zu prüfen: Wo möchte der Betroffene wirklich hin?

Sehr oft lässt sich eine gute Lösung finden.

Abschließende Worte

Liebe Leserin, lieber Leser,

ich habe versucht, Sie ein wenig in die Welt dieser so wichtigen Seelenarbeit einzuführen und hoffe, Ihnen mit meinen Anregungen und Denkanstößen zu helfen, Probleme, mit denen Sie selbst oder Menschen in Ihrem Umfeld zu tun haben, zu lösen.

Familienstellen nach Bert Hellinger ist in meinen Augen eine wunderbare, wenn auch nicht immer leichte Art der Heilung für die Seele, die Sie in den tiefsten Schichten Ihres Seins berühren wird. Aber da die Familie unser ureigenster Kern ist, werden wir die Welt nur dann zu einer besseren machen können, wenn es uns gelingt, uns selbst und unsere Familie von Ängsten und Blockaden zu befreien, damit Frieden einkehren kann!

In diesem Sinne wünsche ich Ihnen, liebe Leserin und lieber Leser, tiefe und heilende Erfahrungen auf diesem Weg, damit Sie eines Tages sagen können:

Seele gut – alles gut!

Wenn Sie mit mir Kontakt aufnehmen möchten, können Sie das gerne unter folgender Anschrift tun:

Praxis für Psychotherapie
Edith Krajewski
Brunnentälestr. 15
78628 Rottweil
Tel. 0741/42959
EdithKrajewski@t-online.de

Tel. Beratung: Hotline: 0900 110 1041

DANKSAGUNG

Mein besonderer Dank geht an Bert Hellinger, der sich die Mühe gemacht hat, dieses Manuskript zu lesen, und mir den Mut gab, es zu veröffentlichen. Seine Arbeit hat mich persönlich sehr bereichert.

Vielen Dank an meine Familie und an alle meine Freunde und Bekannte.

Edith Krajewski

Bitte lesen Sie weiter ...

Ava Minatti

Heilung für das Innere Kind

192 Seiten, broschiert, ISBN 3-934254-37-3

Das heile, Innere Kind ist ein Teil in uns, der voller Lebensfreude, Neugierde, Vertrauen und Liebe ist. Wurde es verletzt, agieren wir nicht mehr frei, sondern reagieren ängstlich, trotzig wütend oder traurig. So finden sich in diesem Buch zahlreiche Botschaften, Anregungen und Übungen aus der geistigen Welt, wie Sie sich von der Identifikation mit Ihren schmerzhaften Erfahrungen lösen und sich auf Ihr heiles Inneres Kindsein einlassen können.

Ava Minatti

Die Kinder der Neuen Zeit – Strahlende Funken des Lichts

196 Seiten, broschiert, ISBN 3-934254-23-3

Immer mehr Kinder werden weltweit geboren, die bereits mit einem neuen Bewusstsein zur Welt kommen und somit Verhaltensweisen an den Tag legen, die „anders" sind. Ava Minatti, selbst Mutter von zwei "neuen" Kindern, erzählt von ihren persönlichen Erfahrungen in der Schwangerschaft, bei der Geburt und im Alltag mit diesen Kindern und bietet viele praktische Anregungen, Übungen und Meditationen. Mit Botschaften aus der geistigen Welt, u.a. von Engeln und des Aufgestiegenen Meisters Hilarion.

Ava Minatti

Praxisbuch für die Kinder der Neuen Zeit

176 Seiten, broschiert, ISBN 3-934254-80-2

Die Autorin, selbst Mutter von zwei "neuen" Kindern, gibt zahlreiche Beispiele und Tipps, wie zum Beispiel der Kontakt zu Engeln und Naturwesen, die Kraft von Kristallen und Farben für zu Hause und in Kindergarten oder Schule eingesetzt werden können, um ein freud- und liebevolles Miteinander zu gestalten. Sie stellt Kindergärten und Schulmodelle vor, die mit ihren Ansätzen dem Bewusstsein der neuen Zeit entsprechen. Sie werden ermutigt, selbst zum Schöpfer für ein harmonisches Zusammenleben mit Kindern zu werden und auch bereits bestehende Kindereinrichtungen zu Orten der Fröhlichkeit und der Erholung zu machen. So ist dieses Buch eine humorvolle Ergänzung zur bereits veröffentlichten Literatur um die Kinder der Neuen Zeit .

Stella Maris

Impulse für das spirituelle Zeitalter
Energetischer Ratgeber

176 Seiten, gebunden, ISBN 3-934254-93-4

Stella Maris bietet mit ihren neuartigen, spirituellen Ratschlägen praktische Lebenshilfe, um den verschiedensten Herausforderungen der Neuen Zeit im Alltag besser begegnen zu können.
Ein energetisch-spiritueller Ratgeber mit Gebeten, Mantren, Symbolen, Affirmationen, vielen (zum Teil gechannelten) praktischen Tipps und Übungen, die für jeden schnell und einfach umsetzbar sind, und wunderschönen Meditationen.

Barbara Vödisch

Zeit für neue Wege
Selbst Verantwortung übernehmen

184 Seiten, broschiert, ISBN 3-934254-86-1

In dieser Zeit massiver Veränderungen und Herausforderungen im wirtschaftlichen, gesellschaftlichen und auch im privaten Leben können wir, anstatt in Angst und Pessimismus zu verfallen, endlich unsere immensen Chancen nutzen. Wie diese aussehen und uns sogar zu mehr Lebensfreude verhelfen können, erfahren Sie genauso wie das, was Sie selbst dafür tun können. Wollen Sie nicht auch lieber glücklich sein, die Fülle des DaSeins genießen und Ihr Potenzial leben, als sich über Mangel zu beklagen? Dann sind Sie herzlich willkommen – nicht auf eine bessere Zeit zu warten, sondern diese bewusst mitzugestalten und Verantwortung für sich selbst und unser Land zu übernehmen.

Anjana Gill

Wie Wünsche wahr werden

Persönliche Wunscherfüllung

80 Seiten Hardcover, mit zahlreichen farbigen Abbildungen, ISBN 3-934254-42-X

Ein mitreißendes Buch darüber, wie wir es im Alltag schaffen, unsere Gedanken zu kontrollieren und unsere Wünsche „wahr" werden zu lassen. Das Besondere an diesem Buch ist der klare und logische Aufbau, der ein effektives und freudiges Arbeiten ermöglicht – eine Art „Gebrauchsan-weisung" – in der Sie Schritt für Schritt den einzelnen logisch aufeinander abgestimmten Punkte folgen, und schon können Sie sich auf die Erfüllung Ihrer Wünsche freuen: das richtige Haus oder den Partner/die Partnerin für's Leben.

Anjana Gill

Du und deine Engel – ein himmlisches Team

108 Seiten, Hardcover mit zahlreichen farbigen Abbildungen,
ISBN 3-934254-46-2

Für Anjana Gill sind Engel keine heiligen fernen Wesen, sondern unsere Lebensbegleiter, die sich freuen, für uns da zu sein. Sie erklärt in leichten Schritten, wie Sie die Engel in Ihrem Leben integrieren können.
Lernen Sie mit Hilfe dieses wunderschön gestalteten Buches Ihre „himmlischen Mitarbeiter" kennen und verschmelzen Sie zu einem sensationellen Team! Lassen Sie sich beflügeln!
It's time for an angel!

Anjana Gill

Hotline zum Himmel – Dialog mit einem Engel

128 Seiten, Hardcover mit zahlreichen farbigen Abbildungen,
ISBN 3-934254-98-5

„An Engel zu glauben verleiht Flügel"
Nach ihrem Erfolgstitel (bereits in 3. Auflage) Du und deine Engel – ein himmlisches Team legt Anjana Gill nun ihr zweites Engelbuch vor. Sie hat sich ein Herz gefasst und „ihrem" Engel Salomon die Fragen gestellt, die sie schon immer den Engeln stellen wollte und die für jeden Menschen wichtig sind.
In dem tief greifenden, aber dennoch heiteren und liebevollen Dialog, der sich dabei entwickelt, geht es um Antworten zu Themen wie Vergeben, Liebe, Vertrauen, Hindernisse oder die Stimme des Herzens, die uns an das erinnern, was wir im „Getriebe des Alltags" vergessen haben: Das Glück, die Fröhlichkeit und die Leichtigkeit des Seins. „Wir trösten und inspirieren, wir helfen, wann immer ihr uns braucht. Menschen und Engel gehören zusammen."

Anjana Gill

Tue, was dein Herz dir sagt
Indische Weisheit trifft westlichen Alltag

184 Seiten, A5, gebunden, ISBN 3-934254-70-5

Als Halbinderin weiß Anjana Gill wovon sie spricht:
Tue, was dein Herz dir sagt geht ganz auf die Bedürfnisse der heutigen Menschen ein – dem Wunsch nach einem tiefen erfüllten Leben *und* dem Bedürfnis nach finanziellem Wohlstand. Hier wird das alte asiatische spirituelle Wissen in das moderne, westliche Leben eingebettet.
Intuition, unsere innere Schatzkammer. Die Weisheit der Seele. – das sind nur einige Themen dieses Grundlagenwerks, das helfen möchte, Wohlstand und Spiritualität im Alltag zu verbinden. Anjana Gill erzählt als Beispiel die Geschichte ihres Vaters, der von Indien nach Europa kam und in Deutschland mit der Modefirma Gillio ein sehr erfolgreicher Geschäftsmann wurde. Es lohnt sich, mit dem Herzen zu hören!